# 새로운 도서, 다양한 자료
# 동양북스 홈페이지에서 만나보세요!

## 홈페이지 활용하여 외국어 실력 두 배 늘리기!

---

## 홈페이지 이렇게 활용해보세요!

**1** 도서 자료실에서 학습자료 및
MP3 무료 다운로드!

❶ 도서 자료실 클릭
❷ 검색어 입력
❸ MP3, 정답과 해설, 부가자료 등
  첨부파일 다운로드

* 원하는 자료가 없는 경우 '요청하기' 클릭!

**2** 동영상 강의를 어디서나 쉽게!
외국어부터 바둑까지!

# 500만 독자가 선택한

가장 쉬운
독학 일본어 첫걸음
14,000원

가장 쉬운
독학 중국어 첫걸음
14,000원

가장 쉬운
독학 베트남어 첫걸음
15,000원

가장 쉬운
독학 스페인어 첫걸음
15,000원

가장 쉬운
프랑스어 첫걸음의 모든 것
17,000원

가장 쉬운
독일어 첫걸음의 모든 것
18,000원

가장 쉬운
스페인어 첫걸음의 모든 것
14,500원

버전업! 가장 쉬운
베트남어 첫걸음
16,000원

버전업! 가장 쉬운
태국어 첫걸음
16,800원

# 첫걸음 베스트 1위!

**가장 쉬운**
러시아어 첫걸음의 모든 것
16,000원

**가장 쉬운**
이탈리아어 첫걸음의 모든 것
17,500원

**가장 쉬운**
포르투갈어 첫걸음의 모든 것
18,000원

**가장 쉬운**
터키어 첫걸음의 모든 것
16,500원

**버전업! 가장 쉬운**
아랍어 첫걸음
18,500원

**가장 쉬운**
인도네시아어 첫걸음의 모든 것
18,500원

**가장 쉬운**
영어 첫걸음의 모든 것
16,500원

**버전업! 굿모닝**
독학 일본어 첫걸음
14,500원

**가장 쉬운**
중국어 첫걸음의 모든 것
14,500원

**가장 쉬운 독학 중국어 첫걸음**

**가장 쉬운 독학 일본어 첫걸음**

# 오늘부터는
# 팟캐스트로 공부하자!

## 팟캐스트 무료 음성 강의

### ▸▸1
### iOS 사용자

Podcast 앱에서
'동양북스' 검색

### ▸▸2
### 안드로이드 사용자

플레이스토어에서 '팟빵' 등
팟캐스트 앱 다운로드,
다운받은 앱에서
'동양북스' 검색

### ▸▸3
### PC에서

팟빵(www.podbbang.com)에서
'동양북스' 검색
애플 iTunes 프로그램에서
'동양북스' 검색

⊙ **현재 서비스 중인 강의 목록** (팟캐스트 강의는 수시로 업데이트 됩니다.)

- 가장 쉬운 독학 일본어 첫걸음
- 페이의 적재적소 중국어
- 가장 쉬운 독학 중국어 첫걸음
- 중국어 한글로 시작해
- 가장 쉬운 독학 베트남어 첫걸음

중국어뱅크

중국어 포인트를 한번에 배우는

# 포인트
# 중국어 ❷

강금해 지음

동양북스

중국어뱅크

# 포인트
## 중국어 ❷

초판 인쇄 | 2018년 6월 20일
초판 발행 | 2018년 6월 25일

지은이 | 강금해
발행인 | 김태웅
편집장 | 강석기
책임편집 | 정지선
디자인 | 김효정
마케팅 총괄 | 나재승
마케팅 | 서재욱, 김귀찬, 오승수, 조경현, 양수아
온라인 마케팅 | 김철영, 양윤모
제 작 | 현대순
총 무 | 김진영, 안서현, 최여진, 강아담
관 리 | 김훈희, 이국희, 김승훈

발행처 | (주)동양북스
등 록 | 제2014-000055호(2014년 2월 7일)
주 소 | 서울시 마포구 동교로22길 12 (04030)
전 화 | (02)337-1737
팩 스 | (02)334-6624
http://www.dongyangbooks.com

ISBN 979-11-5768-406-9 14720
      979-11-5768-268-3 14720(세트)

이 도서의 국립중앙도서관 출판예정도서목록(CIP)은 서지정보유통지원시스템 홈페이지(http://seoji.nl.go.kr)와
국가자료공동목록시스템(http://www.nl.go.kr/kolisnet)에서 이용하실 수 있습니다.
(CIP제어번호:CIP2018017780)

중국어는 13억 중국 인구와 대만, 싱가포르, 말레이시아 등에서 사용하는데, 이는 영어 사용 인구의 3배에 달합니다. 마음만 먹으면 지구 어디에도 갈 수 있는 글로벌 시대에 세계인으로 살아가는 여러분은 가장 왕래가 많고 가까운 나라의 언어부터 익혀서 준비된 세계인이 되어야 하리라 생각합니다.

　한중 관계가 더욱 밀접해지는 요즘 '중국어'는 이미 낯설지도 신기하지도 않습니다. 그러나 '중국어는 어려울 것 같다'는 선입견 때문에 대부분 학습자들이 선뜻 목표를 세우지 못하는 것 같습니다. 그러나 자세히 살펴보면 중국어의 어법 구조는 매우 간단하며, 어휘는 조어력이 강합니다. 이는 조사가 많고 용언의 형태 변화가 많은 한국어와 비교했을 때 더 간단한 언어라는 반증입니다. 이처럼 중국어는 기본적인 문장 구조와 어휘만 습득하면 한국어보다 훨씬 쉽게 배울 수 있으니, 이 책을 통해 중국어에 대한 여러분의 인식이 바뀌기를 기대합니다.

　본 교재는 쉽고 실용적인 중국어 학습을 목표로 하여, 기초적이고 실용적인 의사소통 표현만을 모아 대화문을 구성하였습니다. 다양한 상황에서도 공통적으로 사용할 수 있는 문장 표현을 가려내, 반복적으로 학습할 수 있도록 하였으며, 듣기, 읽기, 말하기, 쓰기 활동을 통해 효율성을 높였습니다. 여러분은 이 통합적인 학습 과정을 통해 어떤 상황에서든 자유롭게 스스로 중국어를 표현할 수 있을 것입니다.

　여러분 모두가 중국어를 공부하면서 자신의 가치를 찾고, 글로벌 시대에 경쟁력 있는 세계인으로 성장하길 바랍니다.

강금해 씀

| | | 제목 | 학습 목표 | 학습 내용 | 주요 어법 |
|---|---|---|---|---|---|
| 제7과 | | Nǐ xué Hànyǔ xuéle duōcháng shíjiān le?<br>你学汉语学了多长时间了？<br>중국어를 얼마나 배웠어요? | 학습 기간을 묻고 답하고, 중국 문화에 대해 말할 수 있다. | 1. 학습 기간 묻기<br>2. 중국 문화에 대해 말하기 | 1. 시량보어<br>2. 一边……一边…… |
| 제8과 | | Qǐng dàjiā bǎ shū dǎkāi.<br>请大家把书打开。<br>모두 책을 펼치세요. | 이유를 묻고 답하고, 요리 방법을 말할 수 있다. | 1. 이유 묻기<br>2. 요리 방법 말하기 | 1. 把자문<br>2. ……了……再 |
| 제9과 | | Tā huí sùshè qu le.<br>她回宿舍去了。<br>그녀는 기숙사로 돌아갔어. | 사람을 찾는 표현을 할 수 있고, 택배를 전달할 수 있다. | 1. 사람 찾기<br>2. 택배 전달하기 | 1. 방향보어<br>2. 개사 给 |
| 제10과 | | Nǐ kàn de dǒng ma?<br>你看得懂吗？<br>보고 이해할 수 있어? | 중국 영화와 물건을 구매한 장소에 대해 말할 수 있다. | 1. 중국 영화에 대해 말하기<br>2. 물건을 구매한 장소에 대해 말하기 | 1. 가능보어<br>2. 不但……而且…… |
| 제11과 | | Nǐ zuìjìn zěnme yuèláiyuè shòu le?<br>你最近怎么越来越瘦了？<br>너 요즘 왜 갈수록 야위어 가? | 날씨와 피부 고민에 대해 말할 수 있다. | 1. 날씨에 대해 말하기<br>2. 피부 고민에 대해 말하기 | 1. 越来越 + 형용사<br>2. 又……又…… |
| 제12과 | | Nǐ bǎ yǐnliào mǎi huílai le ma?<br>你把饮料买回来了吗？<br>너 음료수를 사 왔어? | 생일 파티 준비 및 상황을 전달하는 표현을 할 수 있다. | 1. 생일 파티 준비하기<br>2. 상황 전달하기 | 1. 복합방향보어<br>2. 挺……的 |
| 복습2 | 7~12과 복습 | | | | |

## 도입

본 과에서 배울 내용을 그림을 통해 유추해
보고, 관련 단어를 익힐 수 있습니다.

## 톡톡 새단어

본문의 새로 나오는 단어를 예습하여,
회화 내용을 유추할 수 있습니다.

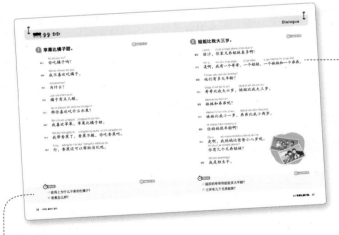

## 술술 회화

유학생들 사이에 벌어지는
에피소드를 통해 생동감 있는
대화문을 익힐 수 있습니다.

퀴즈를 통해 회화 내용을 이해했는지
확인할 수 있습니다.

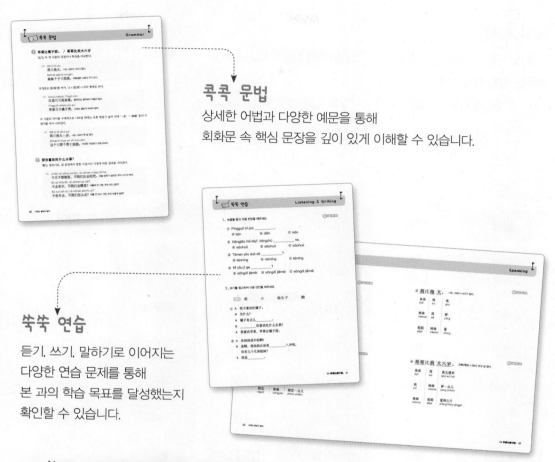

## 콕콕 문법

상세한 어법과 다양한 예문을 통해
회화문 속 핵심 문장을 깊이 있게 이해할 수 있습니다.

## 쑥쑥 연습

듣기, 쓰기, 말하기로 이어지는
다양한 연습 문제를 통해
본 과의 학습 목표를 달성했는지
확인할 수 있습니다.

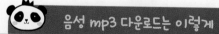

음성 mp3 다운로드는 이렇게

❶ 동양북스 ⇨ 홈페이지 도서 자료실
www.dongyangbooks.com

❷ 검색란에 '포인트중국어2' 입력

❸ 첨부파일 다운로드

포인트중국어2

## 일러두기

### 표기 방식

지명, 단체명, 이름 등의 고유명사는 해당 외국어 발음으로 표기하였다. 단 우리에게 널리 알려진 단어의 경우는 한자 발음으로 표기하였다.

예) 广州 광저우　　彼得 피터　　万里长城 만리장성

### 품사 표기

| 품사 | 약어 | 품사 | 약어 | 품사 | 약어 |
|------|------|------|------|------|------|
| 명사<br>고유명사 | [명]<br>[고유] | 형용사 | [형] | 인칭대사 | [대] |
| 동사 | [동] | 조동사 | [조동] | 의문대사 | |
| 부사 | [부] | 접속사 | [접] | 지시대사 | |
| 수사 | [수] | 개사 | [개] | 어기조사 | [조] |
| 양사 | [양] | 감탄사 | [감] | 시태조사 | |
| 수량사 | [수량] | 접두사/접미사 | [접두][접미] | 구조조사 | |

## 등장 인물

김진 金真
한국인 유학생

왕양 王洋
중국인 남학생

피터 彼得
미국인 유학생

리사 丽莎
미국인 유학생

왕란 王兰
왕양의 여동생

리나 李娜
중국인 여학생

손 선생님
중국어 선생님

mp3 01

# Zhège xuéqī nǐ xuǎnle jǐ mén kè?

# 这个学期你选了几门课?

## 이번 학기에 몇 과목 신청했어?

**학습 목표**    교과목에 대해 묻고 답하고, 요청의 표현을 할 수 있다.

**학습 내용**    1. 교과목에 대해 묻기
                  2. 요청하기

**주요 어법**    동태조사 了 | 어기조사 了 | 조동사 能

mp3 01-00

| | | | |
|---|---|---|---|
| 1. 学期 | xuéqī | 명 | 학기 |
| 2. 选 | xuǎn | 동 | 선택하다, 고르다 |
| 3. 门 | mén | 양 | 과목(교과목 수를 세는 단위) |
| 4. 专业 | zhuānyè | 명 | 전공 |
| 5. 周 | zhōu | 명 | 주 |
| 6. 节 | jié | 양 | 교시, 시간(수업 시간 수를 세는 단위) |
| 7. 写作 | xiězuò | 동 | 작문하다 |
| 8. 和 | hé | 접 | ~와/과, 그리고 |
| 9. 阅读 | yuèdú | 동 | 읽다, 독해하다 |
| 10. 午饭 | wǔfàn | 명 | 점심 식사 |
| 11. 想 | xiǎng | 조동 | ~하려고 하다 |
| 12. 图书馆 | túshūguǎn | 명 | 도서관 |
| 13. 市内 | shìnèi | 명 | 시내 |
| 14. 宿舍 | sùshè | 명 | 기숙사 |
| 15. 零食 | língshí | 명 | 간식 |
| 16. 能 | néng | 조동 | ~할 수 있다 |
| 17. 水果 | shuǐguǒ | 명 | 과일 |
| 18. 喝 | hē | 동 | 마시다 |
| 19. 咖啡 | kāfēi | 명 | 커피 |
| 20. 不用 | búyòng | 부 | ~할 필요가 없다 |
| 21. 星巴克 | xīngbākè | 고유 | 스타벅스 |
| 22. 优惠券 | yōuhuìquàn | 명 | 할인권, 쿠폰 |

## 1 这个学期你选了几门课？  mp3 01-01

왕양　Zhège xuéqī nǐ xuǎnle jǐ mén kè?
这个学期你选了几门课？

김진　Liù mén kè.　Sì mén zhuānyè kè,　liǎng mén Hànyǔ kè.
六门课。四门专业课，两门汉语课。

왕양　Zhuānyè kè yì zhōu yǒu duōshao jié?
专业课一周有多少节？

김진　Shíbā jié.
十八节。

왕양　Hànyǔ kè yǒu nǎ liǎng mén?
汉语课有哪两门？

김진　Xiězuò hé yuèdú kè.
写作和阅读课。

왕양　Hànyǔ kè nán ma?
汉语课难吗？

김진　Hànyǔ xiězuò hěn nán.
汉语写作很难。

 Quiz  mp3 01-02

1) 专业课一周有多少节？
2) 汉语课有哪两门？

**2** 你吃了午饭做什么？

mp3 01-03

피터
Nǐ chīle wǔfàn zuò shénme?
你吃了午饭做什么？

김진
Wǒ xiǎng qù túshūguǎn kàn shū. Nǐ ne?
我想去图书馆看书。你呢？

피터
Wǒ xiǎng qù shìnèi mǎi diǎnr dōngxi.
我想去市内买点儿东西。

김진
Nǐ yào mǎi shénme?
你要买什么？

피터
Sùshè méiyǒu chī de le.　　Wǒ xiǎng mǎi diǎn língshí.
宿舍没有吃的了。我想买点零食。
Nǐ néng hé wǒ yìqǐ qù ma?
你能和我一起去吗？

김진
Nà hǎo ba.　　Wǒ yě xiǎng chī shuǐguǒ le.
那好吧。我也想吃水果了。

피터
Nà tài hǎo le,　　huílai de lùshang wǒ qǐng nǐ hē kāfēi.
那太好了，回来的路上我请你喝咖啡。

김진
Wa,　　nà wǒ bú kèqi le.
哇，那我不客气了。

피터
Búyòng kèqi.　　Wǒ zhèr yǒu liǎng zhāng xīngbākè de yōuhuìquàn.
不用客气。我这儿有两张星巴克的优惠券。

 Quiz

 mp3 01-04

1) 金真吃了午饭想做什么？

2) 回来的路上彼得想请金真喝什么？

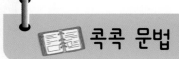 

**1** 这个学期你选了几门课？ / 你吃了午饭做什么？

동사 바로 뒤에서 문장의 상태를 나타내는 동사를 동태조사라고 한다. 동태조사 '了'는 동작이 완료되었음을 나타낸다. 만약 동사 뒤에 목적어가 있으면, 목적어 앞에 수량사나 한정어가 오며, 그 뒤에 또 다른 동사나 동사구가 온다.

예) Zhège xuéqī wǒ xuǎnle bā mén kè.
这个学期我选了八门课。 이번 학기에 나는 여덟 과목을 신청했다.

Wǒ chīle fàn qù túshūguǎn kàn shū.
我吃了饭去图书馆看书。 나는 밥을 먹고 도서관에 책을 보러 가겠다.

Wǒ děngle bàntiān.
我等了半天。 나는 반나절이나 기다렸다.

**2** 宿舍没有吃的了。

어기조사 '了'는 새로운 상황이 벌어졌음을 나타낸다. '没有吃的了'는 '먹을 것이 없다'는 뜻으로, 즉 '먹을 것이 없게 되었음'을 나타낸다.

예) Wǒ yě xiǎng chī shuǐguǒ le.
我也想吃水果了。 나도 과일이 먹고 싶어졌다. (이전에는 안 먹고 싶었음을 나타낸다.)

Wǒ jīnnián èrshísān le.
我今年二十三了。 나는 올해 23살이다. (벌써 23살이 되었음을 나타낸다.)

Jīntiān xīngqīliù le.
今天星期六了。 오늘은 토요일이다. (벌써 토요일이 되었음을 나타낸다.)

**3** 你能和我一起去吗？

조동사는 일반적으로 희망이나 바람, 능력을 나타내는데, 그중 '能'은 '~할 수 있다'라는 뜻으로, 객관적 허가를 나타낸다. 긍정형식은 '可以', '行'이며 부정형식은 '不能'이다.

예) A: 你能和我一起去吗？ Nǐ néng hé wǒ yìqǐ qù ma? 저와 같이 갈 수 있어요?

B: 可以。 / 行。 Kěyǐ. / Xíng. 그럼요. / 가능해요.

A: 我能抽烟吗？ Wǒ néng chōuyān ma? 담배를 피워도 돼요?

B: 不能。 Bù néng. 안 돼요.

**1.** 녹음을 듣고 다음 빈칸을 채우세요.

mp3 01-05

① Zhège _____ nǐ xuǎnle jǐ mén kè?

  ⓐ xuéxí　　　　ⓑ xuéjí　　　　ⓒ xuéqī

② Zhuānyè kè _____ yǒu duōshao jié?

  ⓐ yì zǒu　　　　ⓑ yì zhōu　　　　ⓒ yì xiū

③ Nǐ néng hé wǒ _____ qù ma?

  ⓐ yìxí　　　　ⓑ yǐjí　　　　ⓒ yìqǐ

④ Wǒ yě xiǎng chī _____ le.

  ⓐ shuǐguǒ　　　　ⓑ xīguā　　　　ⓒ shígǎn

**2.** 보기를 참고하여 다음 빈칸을 채우세요.

보기　　了　　　　学期　　　　能　　　多少

① A 这个_____你选了几门课?

  B 六门课。四门专业课，两门汉语课。

  A 专业课一周有_____节?

  B 十八节。

② A 你要买什么?

  B 宿舍没有吃的_____。我想买点零食。

  　你_____和我一起去吗?

  A 那好吧。我也想吃水果了。

**3.** 문장의 밑줄 친 단어를 바꾸어 말해 보세요.

mp3 01-06

① **这个学期你选了几门 课?**   이번 학기에 몇 과목 신청했어?

| 上学期 shàng xuéqī | 学 xué | 门 mén | 课 kè |
|---|---|---|---|
| 昨天 zuótiān | 喝 hē | 瓶 píng | 啤酒 píjiǔ |
| 这个月 zhège yuè | 看 kàn | 次 cì | 电影 diànyǐng |

mp3 01-07

② **我吃了午饭去买东西。**   나는 점심을 먹고 물건을 사러 갈 거야.

| 买 mǎi | 礼物 lǐwù | 找她 zhǎo tā |
|---|---|---|
| 下 xià | 课 kè | 看电影 kàn diànyǐng |
| 换 huàn | 钱 qián | 买相机 mǎi xiàngjī |

mp3 01-08

③ 你**能**和我一起**去**吗? 너 나랑 같이 갈 수 있어?

| | |
|---|---|
| 想<br>xiǎng | 看<br>kàn |
| 可以<br>kěyǐ | 找<br>zhǎo |
| 要<br>yào | 走<br>zǒu |

mp3 01-09

④ 我也想**吃水果**了。 나도 과일이 먹고 싶어졌어.

看电影
kàn diànyǐng

去旅行
qù lǚxíng

喝咖啡
hē kāfēi

# Nǐ zěnme xiànzài cái lái?

# 你怎么现在才来?

mp3 02

너 왜 이제야 와?

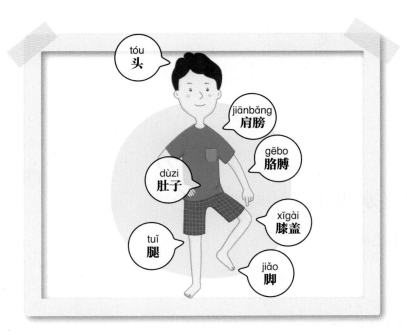

**학습 목표**  아픈 곳을 묻고 답할 수 있고, 운동 기록에 대해 말할 수 있다.

**학습 내용**  1. 아픈 곳에 대해 말하기
              2. 운동 기록에 대해 말하기

**주요 어법**  부사 才 │ 부사 就

mp3 02-00

| | | | |
|---|---|---|---|
| 1. 才 | cái | 부 | ~에야 (비로소), 이제서야 |
| 2. 肚子 | dùzi | 명 | 배 |
| 3. 疼 | téng | 형 | 아프다 |
| 4. 急诊室 | jízhěnshì | 명 | 응급실 |
| 5. 说 | shuō | 동 | 말하다, 설명하다 |
| 6. 得 | dé | 동 | (병에) 걸리다 |
| 7. 肠炎 | chángyán | 명 | 장염 |
| 8. 感觉 | gǎnjué | 동 | 느끼다, 여기다 |
| 9. 米 | mǐ | 양 | 미터 |
| 10. 秒 | miǎo | 양 | 초 |
| 11. 跑 | pǎo | 동 | 뛰다, 달리다 |
| 12. 完 | wán | 동 | 마치다, 끝내다 |
| 13. 开 | kāi | 동 | 열다, 개최하다 |
| 14. 运动会 | yùndònghuì | 명 | 운동회 |
| 15. 参加 | cānjiā | 동 | 참가하다 |
| 16. 当然 | dāngrán | 부 | 당연히, 물론 |
| 17. 项目 | xiàngmù | 명 | 종목 |
| 18. 棒 | bàng | 형 | 훌륭하다, (성적이) 좋다 |
| 19. 跑步 | pǎobù | 동 | 달리다, 구보하다 |
| 20. 给 | gěi | 개 | ~에게 |

## 1 你怎么现在才来?  mp3 02-01

김진
Nǐ zěnme xiànzài cái lái?
你怎么现在才来?

피터
Duìbuqǐ, wǒ zuótiān wǎnshang yī diǎn cái shuìjiào.
对不起，我昨天晚上一点才睡觉。

김진
Zuówǎn nǐ zuò shénme le?
昨晚你做什么了?

피터
Zuótiān wǎnshang wǒ dùzi téng, bù néng shuìjiào.
昨天晚上我肚子疼，不能睡觉。

김진
Qù yīyuàn kàn le ma?
去医院看了吗?

피터
Qù kàn le. Jízhěnshì de yīshēng shuō, wǒ déle chángyán.
去看了。急诊室的医生说，我得了肠炎。

김진
Xiànzài gǎnjué zěnmeyàng?
现在感觉怎么样?

피터
Hǎo yìdiǎnr le.
好一点儿了。

✓ Quiz  mp3 02-02

ı) 彼得怎么现在才来?

2) 彼得现在怎么样?

**2** **100米我16秒就跑完了。**  mp3 02-03

김진
Xuéxiào xià ge xīngqīliù kāi yùndònghuì, nǐ zhīdào ma?
学校下个星期六开运动会，你知道吗？

피터
Wǒ zhīdào. Wǒmen liúxuéshēng kěyǐ cānjiā ma?
我知道。我们留学生可以参加吗？

김진
Dāngrán kěyǐ. Nǐ xiǎng cānjiā shénme xiàngmù?
当然可以。你想参加什么项目？

피터
Wǒ xiǎng cānjiā yìbǎi mǐ.
我想参加100米。

김진
Yìbǎi mǐ nǐ pǎo duōshao miǎo?
100米你跑多少秒？

피터
Yìbǎi mǐ wǒ shíliù miǎo jiù pǎowán le.
100米我16秒就跑完了。

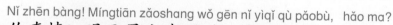

김진
Nǐ zhēn bàng! Míngtiān zǎoshang wǒ gēn nǐ yìqǐ qù pǎobù, hǎo ma?
你真棒！明天早上我跟你一起去跑步，好吗？

피터
Hǎo a! Wǒ qǐle chuáng jiù gěi nǐ dǎ diànhuà.
好啊！我起了床就给你打电话。

 **Quiz** mp3 02-04

1) 留学生可以参加运动会吗？
2) 彼得100米跑多少秒？

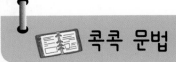 
### 1 你怎么现在才来?

부사 '才'는 동사 앞에서, 일이 좀 늦게 또는 천천히 발생하거나 일의 진행이 쉽지 않고 순조롭지 않음을 나타낸다.

예)  Xiàwǔ liǎng diǎn cái chīle fàn.
下午两点才吃了饭。 오후 2시에야 밥을 먹었다.

Wǔshí mǐ wǒ shísān miǎo cái pǎowán.
50米我13秒才跑完。 50미터를 나는 13초에야 달린다. (50미터를 달리는데 13초나 걸린다.)

Zuótiān de zuòyè wǒ zuòle liǎng ge duō xiǎoshí cái zuòwán.
昨天的作业我做了两个多小时才做完。 어제 숙제를 하는데 2시간 넘게 걸렸다.

Bā diǎn shàngkè bā diǎn bàn cái qǐchuáng.
八点上课八点半才起床。 8시 수업인데 8시 반에야 일어났다.

### 2 100米我16秒就跑完了。

부사 '就'는 동사 앞에서, 어떤 일이 일찍 또는 빨리 발생함을 나타내거나 일의 진행이 쉽고 순조로움을 나타낸다.

예)  Wǎnshang wǒ jiǔ diǎn jiù shuìjiào.
晚上我九点就睡觉。 저녁에 나는 9시면 잔다.

Wǒ wǔ diǎn jiù qǐchuáng.
我五点就起床。 나는 5시면 일어난다.

Jīntiān de zuòyè bàn ge xiǎoshí jiù zuòwán le.
今天的作业半个小时就做完了。 오늘 숙제는 30분 만에 다 끝냈다.

Wǔshí mǐ wǒ jiǔ miǎo jiù pǎowán le.
50米我9秒就跑完了。 50미터를 나는 9초에 달린다.

1. 녹음을 듣고 다음 빈칸을 채우세요.

mp3 02-05

① Nǐ zěnme _____ cái lái?

ⓐ xiàndài      ⓑ xiànzài      ⓒ xiàncài

② Wǒ zuótiān wǎnshang yī diǎn cái _____.

ⓐ shuìjiào      ⓑ shuǐjiǎo      ⓒ shuǐzhǔn

③ Nǐ xiǎng cānjiā shénme _____?

ⓐ xiànmù      ⓑ xiàngmù      ⓒ xiāngmù

④ Yìbǎi mǐ wǒ shíliù miǎo jiù _____.

ⓐ bāowán le      ⓑ pàowán le      ⓒ pǎowán le

2. 보기를 참고하여 다음 빈칸을 채우세요.

보기    给      得      就      不能

① A 昨晚你做什么了?

B 昨天晚上我肚子疼，_____睡觉。

A 去医院看了吗?

B 去看了。急诊室的医生说，我_____了肠炎。

② A 100米你跑多少秒?

B 100米我16秒_____跑完了。

A 你真棒! 明天早上我跟你一起去跑步，好吗?

B 好啊! 我起了床就_____你打电话。

**3.** 문장의 밑줄 친 단어를 바꾸어 말해 보세요.

mp3 02-06

① **你**怎么现在才**来**? 너 왜 이제야 와?

| 李娜<br>Lǐ Nà | 走<br>zǒu |
|---|---|
| 她<br>tā | 吃饭<br>chī fàn |
| 他<br>tā | 回来<br>huílai |

mp3 02-07

② **我**昨天晚上一点才**睡觉**。 나는 어젯밤에 1시에야 잠을 잤어.

| 爸爸<br>bàba | 吃饭<br>chī fàn |
|---|---|
| 哥哥<br>gēge | 回家<br>huí jiā |
| 我朋友<br>wǒ péngyou | 下课<br>xiàkè |

mp3 02-08

③ <u>100米</u>我<u>16秒</u>就<u>跑</u>完了。　100미터를 나는 16초면 뛰어.

| 这本书 | 一天 | 看 |
| zhè běn shū | yì tiān | kàn |

| 作业 | 半个小时 | 做 |
| zuòyè | bàn ge xiǎoshí | zuò |

| 饭 | 很快 | 吃 |
| fàn | hěn kuài | chī |

mp3 02-09

④ 我<u>起</u>了<u>床</u>就<u>给你打电话</u>。　내가 일어나자마자 너한테 바로 전화할게.

| 吃 | 饭 | 去找你 |
| chī | fàn | qù zhǎo nǐ |

| 下 | 课 | 去游泳 |
| xià | kè | qù yóuyǒng |

| 到 | 学校 | 给他打电话 |
| dào | xuéxiào | gěi tā dǎ diànhuà |

# Wǒ zài zhǔnbèi kǎoshì ne.

# 我在准备考试呢。

## 나는 시험을 준비하고 있어.

mp3 03

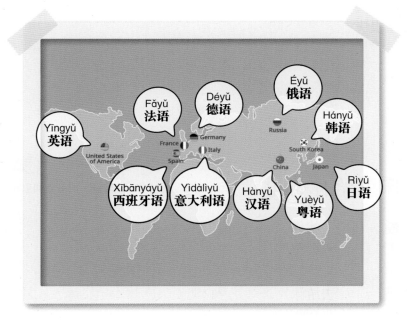

**학습 목표** 근황을 묻고 답하며, 가르침을 구하는 표현을 할 수 있다.

**학습 내용** 1. 근황 묻기
2. 가르침 구하기

**주요 어법** 부사 正 / 在 / 正在 | 好久不见了

mp3 03-00

| | | | |
|---|---|---|---|
| 1. 准备 | zhǔnbèi | 동 | 준비하다 |
| 2. 考试 | kǎoshì | 명 | 시험, 고사 |
| 3. 好久 | hǎojiǔ | 형 | 오래다, 오랜 |
| 4. 最近 | zuìjìn | 명 | 최근, 요즘 |
| 5. 水平 | shuǐpíng | 명 | 수준, 실력 |
| 6. 要 | yào | 조동 | ～해야 한다 |
| 7. 复习 | fùxí | 동 | 복습하다 |
| 8. 家 | jiā | 양 | 집·가게·기업 등을 세는 단위 |
| 9. 正(在) | zhèng(zài) | 부 | 마침 ～하고 있는 중이다 |
| 10. 酒店 | jiǔdiàn | 명 | 호텔 |
| 11. 实习 | shíxí | 동 | 실습하다 |
| 12. 有点儿 | yǒudiǎnr | 부 | 조금, 약간 |
| 13. 请教 | qǐngjiào | 동 | 가르침을 부탁하다, 지도를 바라다 |
| 14. 问题 | wèntí | 명 | 문제 |
| 15. 区别 | qūbié | 명 | 구별, 차이 |
| 16. 告诉 | gàosu | 동 | 말하다, 알리다 |
| 17. 一会儿 | yíhuìr | 명 | 곧, 짧은 시간 내 |
| 18. 以后 | yǐhòu | 명 | 이후 |

## 1 我在准备考试呢。

 mp3 03-01

왕양
Jīn Zhēn, hǎojiǔ bú jiàn le. Zuìjìn zài máng shénme ne?
金真，好久不见了。最近在忙什么呢？

김진
Wǒ zài zhǔnbèi kǎoshì ne.
我在准备考试呢。

왕양
Shénme kǎoshì?
什么考试？

김진
Hànyǔ shuǐpíng kǎoshì.
汉语水平考试。

왕양
Kǎoshì nán ma?
考试难吗？

김진
Hěn nán. Wǒ yào fùxí fùxí. Nǐ zuìjìn zài zuò shénme?
很难。我要复习复习。你最近在做什么？

왕양
Wǒ zhèng zài yì jiā jiǔdiàn shíxí.
我正在一家酒店实习。

김진
Shíxí máng bu máng?
实习忙不忙？

왕양
Yǒudiǎnr máng.
有点儿忙。

 Quiz

 mp3 03-02

1) 金真最近忙什么？

2) 王洋最近在做什么？

## 2　我正在上课呢。 　　mp3 03-03

김진
Sūn lǎoshī hǎo!
孙老师好！

손 선생님
Nǐ hǎo,　Jīn Zhēn! Nǐ zěnme lái le?
你好，金真！你怎么来了？

김진
Wǒ zuótiān xiàwǔ jiù lái zhǎo nín le,　nín bú zài,
我昨天下午就来找您了，您不在。

손 선생님
Zuótiān xiàwǔ wǒ zhèngzài shàngkè ne. Zhǎo wǒ yǒu shénme shìr?
昨天下午我正在上课呢。找我有什么事儿？

김진
Wǒ xiǎng qǐngjiào nín yí ge wèntí.
我想请教您一个问题。

손 선생님
Shénme wèntí?
什么问题？

김진
"Yǒudiǎnr" hé "yìdiǎnr" yǒu shénme qūbié?
"有点儿"和"一点儿"有什么区别？
Nǐ xiànzài néng gàosu wǒ ma?
你现在能告诉我吗？

손 선생님
Wǒ yíhuìr yǒu kè,　xiàkè yǐhòu zài gàosu nǐ,　hǎo ma?
我一会儿有课，下课以后再告诉你，好吗？

김진
Hǎo de.　Xièxie lǎoshī!
好的。谢谢老师！

 Quiz 　　mp3 03-04

1) 昨天下午孙老师在做什么？
2) 金真找孙老师有什么事儿吗？

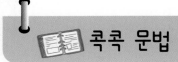 

**1** 你最近在做什么？　/　我正在上课呢。

술어 앞에, 부사어 '正', '在', '正在'를 쓰거나, 문장 끝에 어기조사 '呢'를 쓰면 어떤 동작이 현재 진행 중임을 나타낸다. '正', '在', '正在'와 '呢'는 함께 쓸 수도 있다.

예)　Wǒ zhèngzài chī fàn (ne).
我正在吃饭(呢)。 나는 지금 밥을 먹고 있다.

Zuótiān shàngwǔ jiǔ diǎn wǒ zhèngzài shàngkè ne.
昨天上午9点我正在上课呢。 어제 오전 9시에 나는 수업을 하고 있었다.

Xià ge yuè, wǒ kěnéng zài Rìběn (ne).
下个月，我可能在日本(呢)。 다음 달에, 나는 아마 일본에 있을 것 같다.

Tāmen zhèng kàn diànshì (ne).
他们正看电视(呢)。 그들은 텔레비전을 보고 있다.

**2** 好久不见了。

'好久不见了'는 잘 아는 사이거나 친구 간에 오랜만에 만났을 때 사용하는 인사말로, 처음 만난 사람에게는 사용하지 못한다.

예)　Jīn lǎoshī, hǎojiǔ bú jiàn le.
A: 金老师，好久不见了。 김 선생님, 오랜만이에요.

Shì a,　bìyè huílai le?
B: 是啊，毕业回来了? 그러네, 졸업하고 돌아왔어?

Hǎojiǔ bú jiàn le, zuìjìn yě hěn máng ma?
A: 好久不见了，最近也很忙吗? 오랜만이다. 요즘도 바빠?

Hái kěyǐ.
B: 还可以。 그냥 그래.

1. 녹음을 듣고 다음 빈칸을 채우세요.

mp3 03-05

① Wǒ zài zhǔnbèi _____ ne.

    ⓐ kǎoshì       ⓑ gǎoshì       ⓒ hǎoshì

② Wǒ zhèng zài yì jiā jiǔdiàn _____.

    ⓐ chíxíng       ⓑ shíxí       ⓒ shíxíng

③ Wǒ xiǎng _____ nín yí ge wèntí.

    ⓐ qǐngjiào       ⓑ qǐngjià       ⓒ qǐngjiàn

④ Nǐ xiànzài néng _____ wǒ ma?

    ⓐ kǎoshì       ⓑ gàoshi       ⓒ gàosu

2. 보기를 참고하여 다음 빈칸을 채우세요.

> 보기   能      呢      请教      好久不见

① A 金真，_____了。最近在忙什么呢？

   B 我在准备考试_____。

   A 什么考试？

   B 汉语水平考试。

② A 我想_____您一个问题。

   B 什么问题？

   A "有点儿"和"一点儿"有什么区别？

      你现在_____告诉我吗？

   B 我一会儿有课，下课以后再告诉你，好吗？

   A 好的。谢谢老师！

**3.** 문장의 밑줄 친 단어를 바꾸어 말해 보세요.

mp3 03-06

① **你**最近在**做**什么?　너는 요즘 뭐 하고 있어?

| | |
|---|---|
| 他<br>tā | 忙<br>máng |
| 她<br>tā | 学习<br>xuéxí |
| 他<br>tā | 准备<br>zhǔnbèi |

mp3 03-07

② **我**在**准备考试**呢。　나는 시험을 준비하고 있어.

| | |
|---|---|
| 妈妈<br>māma | 喝茶<br>hē chá |
| 姐姐<br>jiějie | 打电话<br>dǎ diànhuà |
| 他<br>tā | 写作业<br>xiě zuòyè |

mp3 03-08

③ **老师**正在**上课**。 　선생님은 (지금) 강의하고 계셔.

| 妈妈<br>māma | 做饭<br>zuò fàn |
| --- | --- |
| 他<br>tā | 看书<br>kàn shū |
| 妹妹<br>mèimei | 吃苹果<br>chī píngguǒ |

mp3 03-09

④ **外面**正在**下雨**呢。 　밖에 (지금) 비가 오고 있어.

| 教室里<br>jiàoshì li | 上课<br>shàngkè |
| --- | --- |
| 超市<br>chāoshì | 打折<br>dǎzhé |
| 学校<br>xuéxiào | 开运动会<br>kāi yùndònghuì |

# Píngguǒ bǐ júzi tián.

# 苹果比橘子甜。

사과는 귤보다 달아.

🔘 mp3 04

**학습 목표**  맛과 나이를 비교하여 말할 수 있다.

**학습 내용**  1. 맛 비교하기
2. 나이 비교하기

**주요 어법**  개사 比 | 접속사 那

mp3 04-00

| | | | |
|---|---|---|---|
| 1. 比 | bǐ | 개 | ~보다 |
| 2. 橘子 | júzi | 명 | 굴 |
| 3. 甜 | tián | 형 | 달다 |
| 4. 喜欢 | xǐhuan | 동 | 좋아하다 |
| 5. 酸 | suān | 형 | 시다 |
| 6. 带 | dài | 동 | 가지다, 지니다 |
| 7. 香蕉 | xiāngjiāo | 명 | 바나나 |
| 8. 帮助 | bāngzhù | 동 | 돕다 |
| 9. 消化 | xiāohuà | 명 소화 동 소화하다 | |
| 10. 岁 | suì | 양 | 살, 세(연령을 세는 단위) |
| 11. 兄弟 | xiōngdì | 명 | 형제 |
| 12. 姐妹 | jiěmèi | 명 | 자매 |
| 13. 年龄 | niánlíng | 명 | 나이 |
| 14. 年轻 | niánqīng | 형 | 젊다, 어리다 |
| 15. 独生子 | dúshēngzǐ | 명 | 독남, 외동아들 |

## 1 苹果比橘子甜。

mp3 04-01

리나
Nǐ chī júzi ma?
你吃橘子吗?

피터
Wǒ bù xǐhuan chī júzi.
我不喜欢吃橘子。

리나
Wèishénme?
为什么?

피터
Júzi yǒudiǎnr suān.
橘子有点儿酸。

리나
Nà nǐ xǐhuan chī shénme shuǐguǒ?
那你喜欢吃什么水果?

피터
Wǒ xǐhuan píngguǒ, píngguǒ bǐ júzi tián.
我喜欢苹果,苹果比橘子甜。

리나
Wǒ dài xiāngjiāo le, xiāngjiāo bù suān, nǐ chī xiāngjiāo ba.
我带香蕉了,香蕉不酸,你吃香蕉吧。

피터
Xíng, xiāngjiāo hái kěyǐ bāngzhù xiāohuà ne.
行,香蕉还可以帮助消化呢。

**Quiz**

mp3 04-02

1) 彼得为什么不喜欢吃橘子?

2) 香蕉怎么样?

## 2 姐姐比我大三岁。

mp3 04-03

왕양
Lìshā, nǐ jiā xiōngdì jiěmèi zhēn duō a!
丽沙，你家兄弟姐妹真多啊！

리사
Shì a, wǒ yǒu yí ge gēge、 yí ge jiějie、 yí ge mèimei hé yí ge dìdi.
是啊，我有一个哥哥、一个姐姐、一个妹妹和一个弟弟。

왕양
Tāmen yǒu duō dà niánlíng?
他们有多大年龄？

리사
Gēge bǐ wǒ dà liù suì, jiějie bǐ wǒ dà sān suì.
哥哥比我大六岁，姐姐比我大三岁。

왕양
Mèimei hé dìdi ne?
妹妹和弟弟呢？

리사
Mèimei bǐ wǒ xiǎo yí suì, dìdi bǐ wǒ xiǎo liǎng suì.
妹妹比我小一岁，弟弟比我小两岁。

왕양
Nǐ māma hěn niánqīng a!
你妈妈很年轻啊！

리사
Shì a, wǒ māma bǐ bàba xiǎo bā suì ne.
是啊，我妈妈比爸爸小八岁呢。
Nǐ yǒu jǐ ge xiōngdì jiěmèi?
你有几个兄弟姐妹？

왕양
Wǒ shì dúshēngzǐ.
我是独生子。

 Quiz

mp3 04-04

1) 丽莎的哥哥和姐姐多大年龄？

2) 王洋有几个兄弟姐妹？

**1** 苹果比橘子甜。 / 哥哥比我大六岁。

'比'는 두 개 사물의 성질이나 특징을 비교한다.

> 예) Wǒ bǐ tā dà.
> 我比他大。 나는 그보다 나이가 많다.
>
> Mèimei gèzi bǐ wǒ gāo.
> 妹妹个子比我高。 여동생은 나보다 키가 크다.

부정문은 没(有)를 써서, 'A + 没(有) + B'의 형태로 쓴다.

> 예) Hànyǔ méiyǒu Yīngyǔ nán.
> 汉语没有英语难。 중국어는 영어보다 어렵지 않다.
>
> Píngguǒ méiyǒu júzi guì.
> 苹果没有橘子贵。 사과는 귤보다 비싸지 않다.

두 사물의 차이를 구체적으로 나타낼 때에는 보통 형용사 술어 뒤에 '一岁', '一块钱' 등의 수량사를 써서 나타낸다.

> 예) Wǒ bǐ tā dà yí suì.
> 我比他大一岁。 나는 그보다 한 살 많다.
>
> Zhège bǐ nàge guì shí kuài qián.
> 这个比那个贵十块钱。 이것은 저것보다 10원 비싸다.

**2** 那你喜欢吃什么水果?

'那'는 접속사로, 앞 문장에서 말한 사실이나 가정에 따른 결과를 나타낸다.

> 예) Jīntiān bù xiǎng zuò fàn, nà wǒmen chūqu chī ba.
> 今天不想做饭，那我们出去吃吧。 오늘 밥하기 싫으면, 우리 나가서 먹자.
>
> Bú qù Shǒu'ěr, nà wǒmen qù nǎli?
> 不去首尔，那我们去哪里? 서울에 안 가면, 우리 어디 갈까?
>
> Bú zuò chē qù, nà wǒmen zěnme qù?
> 不坐车去，那我们怎么去? 차를 안 타고 가면, 우리 어떻게 갈래?

**1.** 녹음을 듣고 다음 빈칸을 채우세요.　　　　　　　mp3 04-05

① Píngguǒ bǐ júzi _____.

 ⓐ tián　　　　　ⓑ diǎn　　　　　ⓒ nián

② Xiāngjiāo hái kěyǐ bāngzhù _____ ne.

 ⓐ xiàohuā　　　ⓑ xiāohuà　　　ⓒ xiàohuà

③ Tāmen yǒu duō dà _____?

 ⓐ liánníng　　　ⓑ niánlíng　　　ⓒ liánlíng

④ Nǐ yǒu jǐ ge _____?

 ⓐ xiōngdì jièmèi　ⓑ xiōngdì jiěmèi　ⓒ xiòngdì jiěmèi

**2.** 보기를 참고하여 다음 빈칸을 채우세요.

> 보기　　那　　　　小　　　　独生子　　　　酸

① A　我不喜欢吃橘子。

 B　为什么?

 A　橘子有点儿_____。

 B　_____你喜欢吃什么水果?

 A　我喜欢苹果，苹果比橘子甜。

② A　你妈妈很年轻啊!

 B　是啊，我妈妈比爸爸_____八岁呢。

 　你有几个兄弟姐妹?

 A　我是_____。

**3.** 문장의 밑줄 친 단어를 바꾸어 말해 보세요.

mp3 04-06

① <u>苹果</u>比<u>橘子</u> <u>甜</u>。　사과는 귤보다 달아.

| 橘子<br>júzi | 苹果<br>píngguǒ | 酸<br>suān |
|---|---|---|
| 香蕉<br>xiāngjiāo | 苹果<br>píngguǒ | 贵<br>guì |
| 西瓜<br>xīguā | 香蕉<br>xiāngjiāo | 便宜<br>piányi |

mp3 04-07

② <u>苹果</u>比<u>橘子</u> <u>甜</u>一点儿。　사과는 귤보다 조금 달아.

| 橘子<br>júzi | 苹果<br>píngguǒ | 酸一点儿<br>suān yìdiǎnr |
|---|---|---|
| 香蕉<br>xiāngjiāo | 苹果<br>píngguǒ | 贵五毛钱<br>guì wǔ máo qián |
| 西瓜<br>xīguā | 香蕉<br>xiāngjiāo | 便宜一点儿<br>piányi yìdiǎnr |

mp3 04-08

③ **我** 比 **他** 大。 나는 그보다 나이가 많아.

| 弟弟<br>dìdi | 我<br>wǒ | 高<br>gāo |
| --- | --- | --- |
| 妹妹<br>mèimei | 我<br>wǒ | 胖<br>pàng |
| 姐姐<br>jiějie | 妹妹<br>mèimei | 重<br>zhòng |

mp3 04-09

④ **哥哥** 比 **我** 大六岁。 오빠(/형)는 나보다 여섯 살 많아.

| 弟弟<br>dìdi | 我<br>wǒ | 高五厘米<br>gāo wǔ límǐ |
| --- | --- | --- |
| 我<br>wǒ | 妹妹<br>mèimei | 胖一点儿<br>pàng yìdiǎnr |
| 妹妹<br>mèimei | 姐姐<br>jiějie | 重两公斤<br>zhòng liǎng gōngjīn |

# Kǎo de hǎo ma?

# 考得好吗?

## 시험 잘 봤어?

**학습 목표**    시험에 대해 말하고, 칭찬 표현을 할 수 있다.

**학습 내용**    1. 시험에 대해 말하기
              2. 칭찬하기

**주요 어법**    보어 得 | 好好儿

mp3 05-00

| | | | |
|---|---|---|---|
| 1. 考 | kǎo | 동 | 시험을 보다 |
| 2. 得 | de | 조 | 동사 뒤에서 정도를 나타내는 보어를 연결하는 조사 |
| 3. 舒服 | shūfu | 형 | 편안하다 |
| 4. 好好儿 | hǎohāor | 부 | 잘, 제대로 |
| 5. 努力 | nǔlì | 동 | 노력하다, 힘쓰다 |
| 6. 不过 | búguò | 접 | 하지만, 그런데 |
| 7. 首先 | shǒuxiān | 부 | 가장, 먼저 |
| 8. 注意 | zhùyì | 동 | 주의하다, 조심하다 |
| 9. 身体 | shēntǐ | 명 | 몸, 신체 |
| 10. 应该 | yīnggāi | 조동 | (마땅히) ~해야 한다 |
| 11. 穿 | chuān | 동 | 입다 |
| 12. 暖和 | nuǎnhuo | 형 | 따뜻하다 |
| 13. 些 | xiē | 양 | 조금, 약간 |
| 14. 关心 | guānxīn | 명 | 관심 |
| 15. 已经 | yǐjīng | 부 | 이미, 벌써 |
| 16. 有些 | yǒuxiē | 대 | 일부, 어떤 |
| 17. 但是 | dànshì | 접 | 그러나, 그렇지만 |
| 18. 练习 | liànxí | 동 | 연습하다 |

## 1 考得好吗?

 mp3 05-01

왕양
Nǐmen kǎoshì le ma?
你们考试了吗?

리사
Shàng xīngqīwǔ kǎo le.
上星期五考了。

왕양
Zěnmeyàng? Kǎo de hǎo ma?
怎么样? 考得好吗?

리사
Bú tài hǎo. Shàng xīngqī wǒ yǒudiǎnr bù shūfu, méi hǎohāor zhǔnbèi.
不太好。上星期我有点儿不舒服，没好好儿准备。

왕양
Méi guānxi, bú shì háiyǒu xià yí cì ma?
没关系，不是还有下一次吗?

리사
Xià cì wǒ yídìng nǔlì.
下次我一定努力。

왕양
Búguò shǒuxiān yào zhùyì shēntǐ, nǐ yīnggāi chuān de nuǎnhuo xiē.
不过首先要注意身体，你应该穿得暖和些。

리사
Xièxie nǐ de guānxīn.
谢谢你的关心。

 Quiz

 mp3 05-02

1) 丽莎考试考得好吗?

2) 丽莎应该注意什么?

## 2 你的汉语已经说得很好了。 🔊 mp3 05-03

피터
Sūn lǎoshī, zhège xīngqī nín yǒu shíjiān ma?
孙老师，这个星期您有时间吗？

손 선생님
Xīngqīwǔ xiàwǔ yǒu shíjiān. Nǐ yǒu shì ma?
星期五下午有时间。你有事吗？

피터
Yǒuxiē Hànyǔ wèntí xiǎng qǐngjiào nín yíxià, kěyǐ ma?
有些汉语问题想请教您一下，可以吗？

손 선생님
Méi wèntí. Nǐ de Hànyǔ yǐjīng shuō de hěn hǎo le.
没问题。你的汉语已经说得很好了。

피터
Dànshì Hànzì xiě de hái bú tài hǎo a!
但是汉字写得还不太好啊！

손 선생님
Duō liànxí liànxí, huì xiě hǎo de.
多练习练习，会写好的。

피터
Hǎo de, wǒ huì nǔlì de.
好的，我会努力的。

손 선생님
Xīngqīwǔ jiàn!
星期五见！

피터
Xīngqīwǔ jiàn!
星期五见！

 Quiz 🔊 mp3 05-04

1) 彼得为什么找孙老师去了？

2) 汉字怎样能写好？

**1 考得好吗?**

'得'는 동사 뒤에서, 동작의 결과나 상태 또는 정도를 나타내는 보어를 연결하는 역할을 한다.

[긍정문] 동사 + 得 + 형용사(짧은 구)

예) 我每天睡得很晚。Wǒ měitiān shuì de hěn wǎn. 나는 매일 아주 늦게 잔다.

哥哥跑得很快。Gēge pǎo de hěn kuài. 형(/오빠)은 아주 빨리 달린다.

부정형식은 상태나 정도를 부정하는 것이므로, 보어를 부정형으로 만든다.

[부정문] 동사 + 得 + 不 + 형용사

예) 他学得不好。Tā xué de bù hǎo. 그는 잘 배우지 못한다.

他说得不好。Tā shuō de bù hǎo. 그는 말을 잘하지 못한다.

동사 뒤에 목적어가 있는 경우 동사를 반복해서 써야 한다.

[목적어가 있는 경우] 동사 + 목적어 + 동사 + 得 + 형용사

예) 他说汉语说得很好。Tā shuō Hànyǔ shuō de hěn hǎo. 그는 중국어를 아주 잘 말한다.

他写汉字写得很好看。Tā xiě Hànzì xiě de hěn hǎokàn. 그는 한자를 아주 예쁘게 쓴다.

의문문은 정반의문문으로 쓰는데, 보어의 긍정형과 부정형을 나란히 놓는다.

[의문문] 동사 (+ 목적어 + 동사) + 得 + 형용사 + 不 + 형용사

예) 学得好不好? Xué de hǎo bu hǎo? 잘 배웠어요?

说得快不快? Shuō de kuài bu kuài? 말을 빨리해요?

**2 没好好儿准备。**

'好好儿' 뒤에는 동사가 오며, 최선을 다해 열심히 어떤 일을 함을 나타낸다.

예) 好好儿想想。Hǎohāor xiǎngxiang. 잘 생각해 보자.

好好儿休息休息。Hǎohāor xiūxi xiūxi. 푹 쉬어.

好好儿准备考试。Hǎohāor zhǔnbèi kǎoshì. 시험 준비 잘해.

好好儿玩儿几天。Hǎohāor wánr jǐ tiān. 며칠 실컷 놀자.

1. 녹음을 듣고 다음 빈칸을 채우세요.

mp3 05-05

① _____ de hǎo ma?

    ⓐ Kǎo        ⓑ Gǎo        ⓒ Kào

② Xià cì wǒ yídìng _____.

    ⓐ lǔlì        ⓑ nǔlì        ⓒ núlì

③ Zhège _____ nín yǒu shíjiān ma?

    ⓐ tiānqì        ⓑ xīnqíng        ⓒ xīngqī

④ _____ xiě de hái bú tài hǎo a!

    ⓐ Hànzì        ⓑ Hànzi        ⓒ Hànzhì

2. 보기를 참고하여 다음 빈칸을 채우세요.

보기     努力        好好儿        但是        得

① A  你们考试了吗?

   B  上星期五考了。

   A  怎么样? 考_____好吗?

   B  不太好。上星期我有点儿不舒服，没_____准备。

② A  有些汉语问题想请教您一下，可以吗?

   B  没问题。你的汉语已经说得很好了。

   A  _____汉字写得还不太好啊!

   B  多练习练习，会写好的。

   A  好的，我会_____的。

**3.** 문장의 밑줄 친 단어를 바꾸어 말해 보세요.

mp3 05-06

① <u>考</u>得好吗? 시험 잘 봤어?

睡
shuì

做
zuò

学
xué

mp3 05-07

② 上星期我有点儿<u>不舒服</u>，没好好儿<u>准备</u>。
지난주에 나는 좀 아파서, 잘 준비하지 못했어.

| | |
|---|---|
| 忙<br>máng | 看<br>kàn |
| 累<br>lèi | 复习<br>fùxí |
| 不高兴<br>bù gāoxìng | 做<br>zuò |

mp3 05-08

③ 你的<u>汉语</u>已经<u>说</u>得很好了。　당신은 이미 중국어를 아주 잘하는데요.

| 汉字<br>Hànzì | 写<br>xiě |
|---|---|
| 作业<br>zuòyè | 做<br>zuò |
| 英语<br>Yīngyǔ | 学<br>xué |

mp3 05-09

④ <u>汉字</u> <u>写</u>得还不太<u>好</u>啊!　한자를 아직 잘 못 써요!

| 汉语<br>Hànyǔ | 说<br>shuō | 流利<br>liúlì |
|---|---|---|
| 跑步<br>pǎobù | 跑<br>pǎo | 快<br>kuài |
| 考试<br>kǎoshì | 考<br>kǎo | 好<br>hǎo |

# Wǒ shì yí ge rén qù de.
# 我是一个人去的。

나 혼자 갔어.

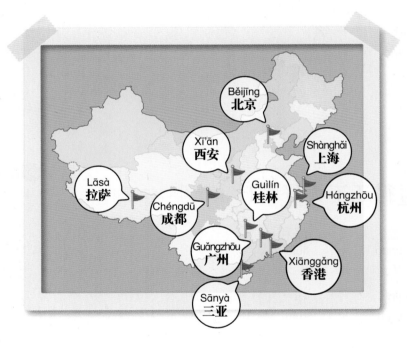

**학습 목표**  여행과 치료에 대해 묻고 답할 수 있다.

**학습 내용**  1. 여행에 대해 말하기
2. 치료에 대해 말하기

**주요 어법**  是……的 │ 一……就

mp3 06-00

| | | | |
|---|---|---|---|
| 1. 暑假 | shǔjià | 명 | 여름 방학 |
| 2. 旅游 | lǚyóu | 동 | 여행하다 |
| 3. 桂林 | Guìlín | 고유 | 구이린, 계림 |
| 4. 跟 | gēn | 개 | ~와/과 |
| 5. 火车 | huǒchē | 명 | 기차, 열차 |
| 6. 觉得 | juéde | 동 | 생각하다, 느끼다 |
| 7. 风景 | fēngjǐng | 명 | 풍경, 경치 |
| 8. 美 | měi | 형 | 아름답다 |
| 9. 拍 | pāi | 동 | 찍다 |
| 10. 照片 | zhàopiàn | 명 | 사진 |
| 11. 治 | zhì | 동 | 치료하다 |
| 12. 戴 | dài | 동 | 착용하다, (모자·안경을) 쓰다 |
| 13. 眼镜 | yǎnjìng | 명 | 안경 |
| 14. 近视 | jìnshì | 명 | 근시 |
| 15. 效果 | xiàoguǒ | 명 | 효과 |
| 16. 满意 | mǎnyì | 형 | 만족하다, 만족스럽다 |
| 17. 以前 | yǐqián | 명 | 과거, 이전 |
| 18. 清楚 | qīngchu | 형 | 분명하다, 뚜렷하다 |
| 19. 放假 | fàngjià | 동 | 방학하다 |

**1** 我是一个人去的。

mp3 06-01

리나
Zhège shǔjià nǐ qù nǎli lǚyóu le?
这个暑假你去哪里旅游了？

피터
Wǒ qù Guìlín le.
我去桂林了。

리나
Nǐ shì gēn shéi yìqǐ qù de?
你是跟谁一起去的？

피터
Wǒ shì yí ge rén qù de.
我是一个人去的。

리나
Nǐ shì zěnme qù de?
你是怎么去的？

피터
Wǒ shì zuò huǒchē qù de.
我是坐火车去的。

리나
Nǐ juéde Guìlín zěnmeyàng?
你觉得桂林怎么样？

피터
Guìlín fēngjǐng hěn měi.
桂林风景很美。
Wǒ pāile hěn duō zhàopiàn, wǎnshang nǐ qù wǒ nàr kàn ba.
我拍了很多照片，晚上你去我那儿看吧。

리나
Hǎo de,   wǒ yì chīwán wǎnfàn jiù qù.
好的，我一吃完晚饭就去。

**Quiz**

mp3 06-02

1) 彼得暑假去哪里旅游了？
2) 彼得是怎么去的？

**2** 你是在哪儿治的？

mp3 06-03

피터
Nǐ zěnme bú dài yǎnjìng le?
你怎么不戴眼镜了？

리나
Wǒ de jìnshì yǐjīng zhìhǎo le,　búyòng zài dài yǎnjìng le.
我的近视已经治好了，不用再戴眼镜了。

피터
Nǐ shì zài nǎr zhì de?
你是在哪儿治的？

리나
Wǒ shì zài Běijīng Yīyuàn zhì de.
我是在北京医院治的。

피터
Xiàoguǒ zěnmeyàng?
效果怎么样？

리나
Hěn mǎnyì.
很满意。
Xiànzài kàn dōngxi bǐ yǐqián qīngchu duō le.　Nǐ yě qù kànkan ba.
现在看东西比以前清楚多了。你也去看看吧。

피터
Hǎo de.　Wǒ yí fàngjià jiù qù nàli kànkan.
好的。我一放假就去那里看看。

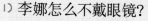

**Quiz**

mp3 06-04

1) 李娜怎么不戴眼镜？
2) 李娜是在哪儿治的？

**1** 我是一个人去的。

'是……的'는 이미 발생한 동작의 시간이나 장소, 방식을 강조할 때 사용한다. 강조해서 설명할 부분 앞에 '是'를 쓰며, '的'는 문장의 맨 끝에 쓴다.

예)

| 시간을 강조 | Wǒ shì qùnián lái de.<br>我是去年来的。 나는 작년에 왔어. |
|---|---|
| 장소를 강조 | Shì zài chāoshì mǎi de.<br>是在超市买的。 슈퍼마켓에서 샀어. |
| 방식을 강조 | Wǒ shì zuò huǒchē qù de.<br>我是坐火车去的。 나는 기차를 타고 갔어. |

만약 동사 뒤에 목적어가 있으며, 그 목적어가 명사라면, '的'는 목적어 앞에 올 수도 있다.

예)   Wǒ shì zài dìxià shāngchǎng mǎi de bāo.
我是在地下商场买的包。 나는 지하상가에서 가방을 샀어.

Wǒmen shì qùnián qù de Běijīng.
我们是去年去的北京。 우리는 작년에 베이징에 갔었어.

**2** 我一吃完晚饭就去。

'一……就'는 두 가지 일이 연이어 발생함을 나타낸다.

예)   Wǒ yí xiàkè jiù qù shìnèi.
我一下课就去市内。 나는 수업이 끝나자마자 시내에 간다.

Yí fàngjià jiù qù lǚxíng.
一放假就去旅行。 방학하자마자 여행을 간다.

Zuótiān wǒ yì huí jiā jiù shuì le.
昨天我一回家就睡了。 어제 나는 집에 가자마자 잤다.

1. 녹음을 듣고 다음 빈칸을 채우세요.

mp3 06-05

① Zhège shǔjià nǐ qù nǎli _____ le?

ⓐ lǔyǒu          ⓑ lǚyóu          ⓒ lǚyǒu

② Nǐ shì gēn shéi _____ qù de?

ⓐ jìqǐ          ⓑ yìjí          ⓒ yìqǐ

③ Nǐ zěnme bú dài _____ le?

ⓐ yǎnjìng          ⓑ yǎnjīng          ⓒ yánjǐng

④ Xiànzài kàn dōngxi bǐ yǐqián _____ duō le.

ⓐ qīngchú          ⓑ qīngchū          ⓒ qīngchu

2. 보기를 참고하여 다음 빈칸을 채우세요.

보기   哪儿        风景        就        好

① A  你觉得桂林怎么样?

B  桂林_____很美。

　　我拍了很多照片，晚上你去我那儿看吧。

A  好的，我一吃完晚饭_____去。

② A  你怎么不戴眼镜了?

B  我的近视已经治_____了，不用再戴眼镜了。

A  你是在_____治的?

B  我是在北京医院治的。

**3.** 문장의 밑줄 친 단어를 바꾸어 말해 보세요.

mp3 06-06

① 我是<u>坐火车</u>去的。　나는 기차를 타고 갔어.

坐飞机
zuò fēijī

开车
kāichē

走路
zǒulù

mp3 06-07

② 你是在哪儿<u>治</u>的<u>近视</u>?　너는 어디에서 근시를 치료한 거야?

| 吃 | 饭 |
| chī | fàn |

| 买 | 礼物 |
| mǎi | lǐwù |

| 拍 | 照片 |
| pāi | zhàopiàn |

mp3 06-08

③ 你是**什么时候** 来的**中国**？　너는 언제 중국에 온 거야?

| 几点<br>jǐ diǎn | 吃<br>chī | 饭<br>fàn |
| 几号<br>jǐ hào | 回<br>huí | 北京<br>Běijīng |
| 哪天<br>nǎ tiān | 过<br>guò | 生日<br>shēngrì |

mp3 06-09

④ 我一**吃完晚饭**就去。　나는 저녁밥을 먹고 바로 갈게.

下课
xiàkè

放假
fàngjià

上班
shàngbān

**1.** 녹음을 듣고 다음 빈칸에 들어갈 알맞은 단어를 찾아 적으세요. ◉ mp3 06-10

① Zuótiān wǎnshang wǒ _____ téng.

　　ⓐ dúzi　　　　　ⓑ dùzi　　　　　ⓒ dùzǐ　　　　　ⓓ tùzǐ

② Zuótiān xiàwǔ wǒ zhèngzài _____ ne.

　　ⓐ shàngkè　　　ⓑ xiàngkè　　　ⓒ shānggè　　　ⓓ sāngkè

③ _____ xiě de hái bú tài hǎo a!

　　ⓐ Hànzhì　　　ⓑ Hánzì　　　　ⓒ Hànzì　　　　ⓓ Hàizi

④ Wǒ huì _____ de.

　　ⓐ lǔlì　　　　　ⓑ mǔlì　　　　　ⓒ nǔlì　　　　　ⓓ nǔlì

**2.** 단어를 읽고 알맞은 한어병음을 써 보세요.

① 午饭 _____　　② 年龄 _____

③ 准备 _____　　④ 考试 _____

⑤ 实习 _____　　⑥ 练习 _____

⑦ 已经 _____　　⑧ 问题 _____

**3.** 주어진 단어를 배열하여 문장을 완성해 보세요.

① 能　一起　我　和　吗　你　去　?

▶ _____

② 来　他　现在　怎么　才　?

▶ _____

③ 昨天　比　好　了　一点儿　今天　。

▶ _____

④ 现在　告诉　吗　你　能　我　?

▶ _____

**4.** 주어진 단어를 알맞은 위치에 넣어 문장을 만들어 보세요.

① (想)　我　ⓐ　去　ⓑ　医院　ⓒ　看　ⓓ　朋友。

② (太)　ⓐ　已经　ⓑ　不　ⓒ　疼　ⓓ　了。

③ (就)　我　ⓐ　起了床　ⓑ　给　ⓒ　你　ⓓ　打电话。

④ (再)　ⓐ　下课　ⓑ　以后　ⓒ　告诉你　ⓓ　。

⑤ (还)　香蕉　ⓐ　可以　ⓑ　帮助　ⓒ　消化呢　ⓓ　。

🔘 mp3 07

# Nǐ xué Hànyǔ xuéle duōcháng shíjiān le?
## 你学汉语学了多长时间了?
### 중국어를 얼마나 배웠어요?

Zhōngguójié
中国结

jiǎnzhǐ
剪纸

jīngjù
京剧

Zhōngguóhuà
中国画

fēngzheng
风筝

shūfǎ
书法

**학습 목표** 학습 기간을 묻고 답하고, 중국 문화에 대해 말할 수 있다.

**학습 내용** 1. 학습 기간 묻기
2. 중국 문화에 대해 말하기

**주요 어법** 시량보어 | 一边……一边……

mp3 07-00

| | | | |
|---|---|---|---|
| 1. | 年级 | niánjí | 명 학년 |
| 2. | 开始 | kāishǐ | 동 시작하다 |
| 3. | 一边……一边…… | yìbiān……yìbiān…… | ～하면서 ～하다 |
| 4. | 辅导 | fǔdǎo | 동 지도하다 |
| 5. | 对 | duì | 개 ～에 대해 |
| 6. | 帮助 | bāngzhù | 명 도움 |
| 7. | 生活 | shēnghuó | 명 생활 동 생활하다 |
| 8. | 文化 | wénhuà | 명 문화 |
| 9. | 感兴趣 | gǎn xìngqù | 관심이 있다 |
| 10. | 传统 | chuántǒng | 명 전통 |
| 11. | 表演 | biǎoyǎn | 명 공연 |
| 12. | 等 | děng | 동 기다리다 |
| 13. | 演 | yǎn | 동 공연하다, 연기하다 |
| 14. | 更 | gèng | 부 더욱, 훨씬 |
| 15. | 了解 | liǎojiě | 동 알다, 이해하다 |
| 16. | 音乐 | yīnyuè | 명 음악 |
| 17. | 容易 | róngyì | 형 ～하기 쉽다 |
| 18. | 懂 | dǒng | 동 알다, 이해하다 |
| 19. | 节目 | jiémù | 명 프로그램, 레퍼토리 |

## 술술 회화

### 1 你学汉语学了多长时间了?

mp3 07-01

**행인**
Nǐ shì yī niánjí de xuésheng ma?
你是一年级的学生吗?

**리사**
Duì!
对!

**행인**
Nǐ xué Hànyǔ xuéle duōcháng shíjiān le?
你学汉语学了多长时间了?

**리사**
Xuéle sān nián le. Wǒ yì lái Zhōngguó jiù kāishǐ xuéxí Hànyǔ le.
学了三年了。我一来中国就开始学习汉语了。

**행인**
Nǐ Hànyǔ shuō de zhēn búcuò a!
你汉语说得真不错啊!

**리사**
Wǒ shì yìbiān xuéxí Hànyǔ, yìbiān fǔdǎo Yīngyǔ le.
我是一边学习汉语，一边辅导英语了。

**행인**
Hànyǔ duì nǐ fǔdǎo Yīngyǔ yǒu bāngzhù ma?
汉语对你辅导英语有帮助吗?

**리사**
Yǒu bāngzhù. Duì wǒ de shēnghuó yě yǒu bāngzhù.
有帮助。对我的生活也有帮助。

 mp3 07-02

**Quiz**
1) 丽莎汉语学了多长时间了?
2) 丽莎一边学习汉语一边做什么了?

**2** 我对中国文化很感兴趣。   mp3 07-03

피터
Jīntiān xiàwǔ yǒu yí ge Zhōngguó chuántǒng wénhuà biǎoyǎn, nǐ qù kàn ma?
今天下午有一个中国传统文化表演，你去看吗？

리사
Wǒ duì Zhōngguó wénhuà hěn gǎn xìngqù, dāngrán yào qù.
我对中国文化很感兴趣，当然要去。

피터
Nà,　xiàwǔ wǒ zài sùshè děng nǐ.
那，下午我在宿舍等你。

피터
Jīntiān biǎoyǎn nǐ kàn de zěnmeyàng?
今天表演你看得怎么样？

리사
Yǎn de zhēn hǎo!
演得真好!
Xiànzài wǒ duì Zhōngguó wénhuà gèng liǎojiě le.
现在我对中国文化更了解了。

피터
Yìbiān kàn biǎoyǎn yìbiān tīng yīnyuè, hěn róngyì dǒng.
一边看表演一边听音乐，很容易懂。

리사
Shì a!　Yǐhòu yǒu zhèyàng de jiémù,　nǐ yídìng yào gàosu wǒ!
是啊! 以后有这样的节目，你一定要告诉我!

피터
Hǎo de,　wǒ yídìng gàosu nǐ!
好的，我一定告诉你!

 **Quiz**　　　  mp3 07-04

1) 今天下午有什么节目？

2) 丽莎对什么感兴趣？

**1** **你学汉语学了多长时间了?**

시량보어는 '동사/형용사+기간'의 형태로 여기에서 기간이 바로 시량보어이다.

시량보어는 동작이 완성된 후의 시간을 나타낸다.

> 예) 看了半个小时了。 Kànle bàn ge xiǎoshí le. 30분간 보았다.
>
> 去中国一年半了。 Qù Zhōngguó yì nián bàn le. 중국에 온지 1년 반이 되었다.

시량보어는 동작이 지속된 시간을 나타낸다.

> 예) 你等我十分钟。 Nǐ děng wǒ shí fēnzhōng. 나를 10분만 기다려 줘.
>
> 今天上两小时课。 Jīntiān shàng liǎng xiǎoshí kè. 오늘은 두 시간 수업 듣는다.

목적어는 시량보어 뒤에 온다. 혹은 동사를 중복하여 앞쪽 동사 뒤에 목적어를, 뒤쪽 동사 뒤에 시량보어를 쓴다.

> 예) 我学了一年汉语。 Wǒ xuéle yì nián Hànyǔ. 나는 중국어를 1년 배웠었다.
>
> 我学汉语学了一年了。 Wǒ xué Hànyǔ xuéle yì nián le. 나는 중국어를 1년 배웠다.

동사 뒤에 동태조사 了가 오고 문장 끝에도 어기조사 了가 오면 동작이 현재까지 계속되어 온 시간의 길이를 나타낸다.

> 예) Wǒ xuéle liǎng nián Hànyǔ.
> 我学了两年汉语。 나는 중국어를 2년간 배웠었다. (이전에 배웠음을 의미)
>
> Wǒ xuéle liǎng nián Hànyǔ le.
> 我学了两年汉语了。 나는 중국어를 2년간 배웠다. (지금도 배우고 있음을 의미)

**2** **一边看表演一边听音乐。**

'一边……一边……'은 동사 앞에서, 두 가지 동작이 동시에 진행됨을 나타낸다.

> 예) 一边吃饭一边看电视。 Yìbiān chī fàn yìbiān kàn diànshì. 밥을 먹으면서 텔레비전을 본다.
>
> 一边听音乐一边写作业。 Yìbiān tīng yīnyuè yìbiān xiě zuòyè. 음악을 들으면서 숙제를 한다.
>
> 一边接电话一边写字。 Yìbiān jiē diànhuà yìbiān xiě zì. 전화를 받으면서 글씨를 쓴다.

1. 녹음을 듣고 다음 빈칸을 채우세요.　　　　　　　　　　　　　　　　　◎ mp3 07-05

① Wǒ shì yìbiān xuéxí Hànyǔ, yìbiān _____ Yīngyǔ le.

　　ⓐ pútáo　　　　　ⓑ fǔdǎo　　　　　ⓒ bǔpiào

② Hànyǔ duì nǐ fǔdǎo Yīngyǔ yǒu _____ ma?

　　ⓐ bāngzhù　　　ⓑ bāngzù　　　　ⓒ bàngzhù

③ Wǒ duì Zhōngguó wénhuà hěn gǎn _____.

　　ⓐ xīngqī　　　　ⓑ xìngqū　　　　ⓒ xìngqù

④ Xiàwǔ wǒ zài _____ děng nǐ.

　　ⓐ shùxiě　　　　ⓑ shùsè　　　　　ⓒ sùshè

2. 보기를 참고하여 다음 빈칸을 채우세요.

> 보기　　年级　　　　　多长　　　　　音乐　　　　　表演

① A　你是一_____的学生吗?

　 B　对!

　 A　你学汉语学了_____时间了?

　 B　学了三年了。我一来中国就开始学习汉语了。

　 A　你汉语说得真不错啊!

② A　今天表演你看得怎么样?

　 B　演得真好! 现在我对中国文化更了解了。

　 A　一边看_____一边听_____, 很容易懂。

　 B　是啊! 以后有这样的节目, 你一定要告诉我!

　 A　好的, 我一定告诉你!

## 쑥쑥 연습

**3.** 문장의 밑줄 친 단어를 바꾸어 말해 보세요.

mp3 07-06

① 你<u>学汉语</u> <u>学</u>了多长时间了?　당신은 중국어를 얼마나 배웠어요?

| 吃饭 | 吃 |
|------|-----|
| chī fàn | chī |

| 等车 | 等 |
|------|-----|
| děng chē | děng |

| 看电视 | 看 |
|--------|-----|
| kàn diànshì | kàn |

mp3 07-07

② 我<u>学汉语</u> <u>学</u>了<u>三年</u>了。　저는 중국어를 3년 배웠어요.

| 看书 | 看 | 一上午 |
|------|-----|--------|
| kàn shū | kàn | yí shàngwǔ |

| 听音乐 | 听 | 一个小时 |
|--------|-----|----------|
| tīng yīnyuè | tīng | yí ge xiǎoshí |

| 吃饭 | 吃 | 半个小时 |
|------|-----|----------|
| chī fàn | chī | bàn ge xiǎoshí |

③ <u>我</u>对<u>中国文化</u>很感兴趣。　나는 중국 문화에 관심이 많아.

| | |
|---|---|
| 我朋友<br>wǒ péngyou | 中国电影<br>Zhōngguó diànyǐng |
| 弟弟<br>dìdi | 音乐<br>yīnyuè |
| 他<br>tā | 中国饮食<br>Zhōngguó yǐnshí |

④ 一边<u>看表演</u>一边<u>听音乐</u>。　공연을 보면서 음악을 듣는다.

| | |
|---|---|
| 看电视<br>kàn diànshì | 吃饭<br>chī fàn |
| 学习<br>xuéxí | 打工<br>dǎgōng |
| 听音乐<br>tīng yīnyuè | 写作业<br>xiě zuòyè |

# Qǐng dàjiā bǎ shū dǎkāi.

# 请大家把书打开。

mp3 08

모두 책을 펼치세요.

**학습 목표**   이유를 묻고 답하고, 요리 방법을 말할 수 있다.

**학습 내용**   1. 이유 묻기
2. 요리 방법 말하기

**주요 어법**   把자문 │ ……了……再……

mp3 08-00

1. 把    bǎ    개 대상(목적어)을 동사 앞으로 전치시킬 때 씀

2. 打开    dǎkāi    동 펼치다, 열다

3. 迟到    chídào    동 지각하다

4. 同屋    tóngwū    명 룸메이트

5. 刚    gāng    부 방금, 막

6. 送    sòng    동 데려다주다

7. 西红柿    xīhóngshì    명 토마토

8. 洗    xǐ    동 씻다

9. 干净    gānjìng    형 깨끗하다

10. 炒    chǎo    동 볶다

11. 鸡蛋    jīdàn    명 달걀

12. 切    qiē    동 끊다, 자르다, 썰다

13. 成    chéng    동 (~으로) 되다, 변하다

14. 小块    xiǎo kuài    명 작은 덩어리

15. 然后    ránhòu    접 그런 후에, 그 다음에

16. 打    dǎ    동 치다, 깨뜨리다

17. 碗    wǎn    명 사발, 공기

18. 筷子    kuàizi    명 젓가락

19. 搅拌    jiǎobàn    동 휘저어 섞다, 반죽하다

20. 锅    guō    명 솥, 가마, 팬

21. 放    fàng    동 넣다

22. 油    yóu    명 기름, 오일

23. 别    bié    부 ~하지 마라

24. 忘    wàng    동 잊다

25. 盐    yán    명 소금

26. 糖    táng    명 설탕

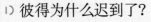 

## 1 请大家把书打开。

mp3 08-01

손 선생님
Qǐng dàjiā bǎ shū dǎkāi,　wǒmen xiān fùxí dì qī kè.
请大家把书打开，我们先复习第七课。

Bǐdé chídào le.
(彼得迟到了。)

손 선생님
Bǐdé nǐ zěnme xiànzài cái lái?
彼得你怎么现在才来?

피터
Dùibuqǐ,　wǒ tóngwū bìng le,　wǒ gāng sòng tā qù yīyuàn le.
对不起，我同屋病了，我刚送他去医院了。

손 선생님
Shì zhèyàng a.　Qǐng bǎ mén guānshàng, shàngkè ba.
是这样啊。请把门关上，上课吧。

피터
Lǎoshī,　jīntiān wǒmen xuéxí dì bā kè ma?
老师，今天我们学习第八课吗?

손 선생님
Shì de,　búguò,　wǒmen xiān fùxíle dì qī kè zài xuéxí dì bā kè.
是的，不过，我们先复习了第七课再学习第八课。

mp3 08-02

⏱ Quiz

1) 彼得为什么迟到了?
2) 今天学习第八课吗?

**2** 先把西红柿洗干净。 🔘 mp3 08-03

피터
Lǐ Nà, xīhóngshì chǎo jīdàn zěnme zuò? Nǐ jiāojiao wǒ ba.
李娜，西红柿炒鸡蛋怎么做？你教教我吧。

리나
Hǎo a. Xiān bǎ xīhóngshì xǐ gānjìng, bǎ tāmen qiēchéng xiǎo kuài.
好啊。先把西红柿洗干净，把它们切成小块。

피터
Ránhòu ne?
然后呢？

리나
Zài bǎ jīdàn dǎ zài wǎn li, yòng kuàizi jiǎobàn yíxià.
再把鸡蛋打在碗里，用筷子搅拌一下。

피터
Zhèyàng jiù kěyǐ chǎo le ma?
这样就可以炒了吗？

리나
Duì. Guō li fàng diǎnr yóu, xiān chǎo jīdàn.
对。锅里放点儿油，先炒鸡蛋。

피터
Ránhòu zài chǎo xīhóngshì, duì ma?
然后再炒西红柿，对吗？

리나
Duì. Búguò, bié wàngle fàng yán hé táng a!
对。不过，别忘了放盐和糖啊！

 Quiz 🔘 mp3 08-04

1) 他们在做什么菜？
2) 西红柿炒鸡蛋怎么做？

**1** **请大家把书打开。**

'把'자문은 사람이 어떤 동작을 하여 동작의 대상에 상태나 성질 등에 변화가 있을 때 사용한다.

> 把 + 목적어 + 동사 + 결과보어

예)
Wǒ bǎ zuòyè zuòwán le.
**我把作业做完了。** 나는 숙제를 다 했다.

Nǐ bǎ diànshì dǎkāi, hǎo ma?
**你把电视打开，好吗?** 당신이 텔레비전을 켜 줄래요?

Wǒ bǎ shū kànwán le.
**我把书看完了。** 나는 책을 다 읽었다.

**2** **我们先复习了第七课再学习第八课。**

'……了……再……'는 두 가지 동작이 발생한 시간적 순서를 나타낸다.

예)
Chīle fàn zài shuìjiào.
**吃了饭再睡觉。** 밥을 다 먹고 나서 자라.

Xiěwánle zuòyè zài kàn diànshì.
**写完了作业再看电视。** 숙제를 다 한 뒤 텔레비전을 봐라.

Dǎle diànhuà zài qù péngyou jiā.
**打了电话再去朋友家。** 전화를 하고 나서 친구 집에 가라.

**1.** 녹음을 듣고 다음 빈칸을 채우세요.    mp3 08-05

  ① Qǐng _____ mén guānshàng, shàngkè ba.

     ⓐ bǎ          ⓑ bà          ⓒ ba

  ② Wǒmen xiān _____ le dì qī kè zài xuéxí dì bā kè.

     ⓐ fùxī         ⓑ hūxī         ⓒ fùxí

  ③ Xiān bǎ _____ xǐ gānjìng.

     ⓐ xǐhóngshì      ⓑ xīhóngshì      ⓒ sīhóngshì

  ④ Guō li fàng diǎnr _____, xiān chǎo jīdàn.

     ⓐ yóu         ⓑ yǒu         ⓒ yōu

**2.** 보기를 참고하여 다음 빈칸을 채우세요.

  <u>보기</u>    先       成       再       搅拌

  ① **A** 彼得你怎么现在才来?

     **B** 对不起，我同屋病了，我刚送他去医院了。

     **A** 是这样啊。请把门关上，上课吧。

     **B** 老师，今天我们学习第八课吗?

     **A** 是的，不过，我们_____复习了第七课_____学习第八课。

  ② **A** 李娜，西红柿炒鸡蛋怎么做? 你教教我吧。

     **B** 好啊。先把西红柿洗干净，把它们切_____小块。

     **A** 然后呢?

     **B** 再把鸡蛋打在碗里，用筷子_____一下。

**3.** 문장의 밑줄 친 단어를 바꾸어 말해 보세요.

mp3 08-06

① 请把<u>门</u> <u>关上</u>。　문을 닫아 주세요.

| | |
|---|---|
| 书 shū | 打开 dǎkāi |
| 衣服 yīfu | 穿上 chuānshàng |
| 嘴 zuǐ | 张开 zhāngkāi |

mp3 08-07

② <u>复习</u>了<u>第七课</u>再<u>学习第八课</u>。　7과를 복습하고 나서 8과를 배운다.

| | | |
|---|---|---|
| 看 kàn | 这本 zhè běn | 看那本 kàn nà běn |
| 买 mǎi | 票 piào | 上车 shàng chē |
| 写 xiě | 作业 zuòyè | 看电影 kàn diànyǐng |

③ 先把<u>西红柿 洗干净</u>。　먼저 토마토를 깨끗이 씻어.

mp3 08-08

| 窗户 | 关上 |
| chuānghu | guānshàng |

| 作业 | 做完 |
| zuòyè | zuòwán |

| 西瓜 | 切开 |
| xīguā | qiēkāi |

mp3 08-09

④ 别忘了<u>放盐和糖</u>啊！　소금이랑 설탕 넣는 거 잊지 마!

给我打电话
gěi wǒ dǎ diànhuà

买礼物
mǎi lǐwù

拿伞
ná sǎn

# Tā huí sùshè qu le.

# 她回宿舍去了。

## 그녀는 기숙사로 돌아갔어.

🔘 mp3 09

xiāngzi
箱子

kuàidì
快递

xìn
信

kuàidìyuán
快递员

yóuzhèng
biānmǎ
邮政编码

yóupiào
邮票

**학습 목표** 사람을 찾는 표현을 할 수 있고, 택배를 전달할 수 있다.

**학습 내용** 1. 사람 찾기
2. 택배 전달하기

**주요 어법** 방향보어 | 개사 给

mp3 09-00

| | | | |
|---|---|---|---|
| 1. 回 | huí | 통 | 되돌아가다, 되돌아오다 |
| 2. 进来 | jìnlai | 통 | 들어오다 |
| 3. 进去 | jìnqu | 통 | 들어가다 |
| 4. 从 | cóng | 개 | ~부터 |
| 5. 回去 | huíqu | 통 | 되돌아가다 |
| 6. 打扰 | dǎrǎo | 통 | 폐를 끼치다(인사치레의 말) |
| 7. 办公室 | bàngōngshì | 명 | 사무실 |
| 8. 取 | qǔ | 통 | 찾다 |
| 9. 快递 | kuàidì | 명 | 택배, 특급우편 |
| 10. 寄 | jì | 통 | (우편으로) 부치다 |
| 11. 好像 | hǎoxiàng | 부 | 마치 ~와 같다 |
| 12. 麻烦 | máfan | 통 | 귀찮게 하다, 번거롭게 하다, 폐를 끼치다 |
| 13. 转告 | zhuǎngào | 통 | 전하다 |
| 14. 声 | shēng | 양 | 마디, 번(소리의 횟수를 나타내는 단위) |
| 15. 替 | tì | 통 | 대신하다 |
| 16. 方便 | fāngbiàn | 형 | 알맞다, 적당하다, 적합하다 |
| 17. 拿 | ná | 통 | 가지다, 잡다 |
| 18. 没事 | méishì | 통 | 상관없다, 괜찮다 |

술술 회화

## 1 她回宿舍去了。 🔘 mp3 09-01

Jīn Zhēn zài ma?
왕양　金真在吗？

Shì Wáng Yáng a! Jìnlai ba.
김진　是王洋啊！进来吧。

Wǒ bú jìnqu le.　　　Jīn Zhēn, Lìshā zài nǐ zhèli ma?
왕양　我不进去了。金真，丽莎在你这里吗？

Tā huí sùshè qu le.　　Nǐ yǒu shì ma?
김진　她回宿舍去了。你有事吗？

Wǒ gāng cóng tā sùshè lái,　tā hái méi huíqu ne.
왕양　我刚从她宿舍来，她还没回去呢。

Duì le,　　tā shuōle xiān qù Bǐdé nàli.
김진　对了，她说了先去彼得那里。

Shì ma?　　Nà wǒ qù Bǐdé nàr zhǎozhao.　　Dǎrǎo le.
왕양　是吗？那我去彼得那儿找找。打扰了。

Méi guānxi.
김진　没关系。

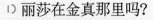 Quiz 🔘 mp3 09-02

1) 丽莎在金真那里吗？

2) 丽莎还没回宿舍去，怎么回事？

**2** 请她到办公室来取。

● mp3 09-03

손 선생님
Lǐ Nà,　　nǐ shì bu shì gēn Lìshā yí ge sùshè?
李娜，你是不是跟丽莎一个宿舍？

리나
Duì.　Lǎoshī,　nín yǒu shénme shì ma?
对。老师，您有什么事吗？

손 선생님
Lìshā yǒu yí ge kuàidì.
丽莎有一个快递。

리나
Shì tā jiāli jìlai de ma?
是她家里寄来的吗？

손 선생님
Hǎoxiàng shì.
好像是。

Máfan nǐ zhuǎngào  tā yì shēng, qǐng tā dào bàngōngshì lái qǔ.
麻烦你转告她一声，请她到办公室来取。

리나
Wǒ kěyǐ tì tā qǔ ma?
我可以替她取吗？

손 선생님
Yě kěyǐ,　búguò yǒudiǎnr dà.　Nǐ fāngbiàn ná ma?
也可以，不过有点儿大。你方便拿吗？

리나
Méishì.　Lǎoshī,　wǒ gěi tā sòng guòqu ba.
没事。老师，我给她送过去吧。

 Quiz

● mp3 09-04

1) 办公室有丽莎的快递，是谁寄来的？

2) 李娜可以替丽莎取快递吗？

**1** 她回宿舍去了。

'来/去'는 동사 뒤에서 보어의 역할을 하여, 동작의 방향을 나타낸다. 이런 보어를 방향보어라고 한다. 예를 들면 '进来/去', '回来/去', '上来/去' 등이다. '来'는 동작이 말하는 사람이나 이야기하고 있는 사물을 향해 진행됨을 나타내며, '去'는 동작이 말하는 사람이나 이야기하고 있는 사물을 등지고 진행됨을 나타낸다.

예)

| 말하는 사람이 안에 있을 때 | Jīn Zhēn, nǐ jìnlai ba.<br>金真，你进来吧。 김진. 들어와. |

| 말하는 사람이 위에 있을 때 | Lǐ Nà, nǐ shànglai ba.<br>李娜，你上来吧。 리나야. 올라와. |

| 피터가 말하는 사람을 등지고 있을 때 | Bǐdé huíqu le.<br>彼得回去了。 피터가 돌아갔다. |

만약 목적어가 장소이면, 목적어는 동사와 방향보어 사이에 위치한다.

예) 他下个月回中国去。 Tā xià ge yuè huí Zhōngguó qu. 그는 다음 달에 중국에 돌아간다.
请你进房间来。 Qǐng nǐ jìn fángjiān lai. 방으로 들어오세요.

만약 목적어가 사물이면, 목적어는 동사와 방향보어의 사이 혹은 방향보어의 뒤에 위치한다.

예) Mèimei nálaile yí ge miànbāo.
妹妹拿来了一个面包。 여동생이 빵을 하나 가지고 왔다.
Mèimei nále yí ge miànbāo lai.
妹妹拿了一个面包来。 여동생이 빵을 하나 가지고 왔다.

**2** 我给她送过去吧。

개사 '给'는 동작을 끌어내거나 행위를 받는 대상에 사용한다.

예) Péngyou gěi wǒ sònglaile shuǐguǒ.
朋友给我送来了水果。 친구가 나에게 과일을 보내왔다.
Māma gěi wǒ zuòle hěn duō hǎochī de cài.
妈妈给我做了很多好吃的菜。 어머니가 나에게 맛있는 요리를 많이 해 주셨다.

1. 녹음을 듣고 다음 빈칸을 채우세요.

mp3 09-05

① Wǒ gāng ＿＿＿＿＿＿＿ tā sùshè lái, tā hái méi huíqu ne.

    ⓐ kōng          ⓑ qióng          ⓒ cóng

② Nà wǒ qù Bǐdé nàr zhǎozhao. ＿＿＿＿＿＿＿ le.

    ⓐ Dǎlǎo          ⓑ Dǎmǎo          ⓒ Dǎrǎo

③ Máfan nǐ ＿＿＿＿＿＿＿ tā yì shēng.

    ⓐ zhuǎngào          ⓑ zhuǎnkǎo          ⓒ zhuànggào

④ Nǐ ＿＿＿＿＿＿＿ ná ma?

    ⓐ pángbiān          ⓑ fāngmiàn          ⓒ fāngbiàn

2. 보기를 참고하여 다음 빈칸을 채우세요.

보기    在        快递        进去        转告

① A 金真＿＿＿＿＿吗?

   B 是王洋啊! 进来吧。

   A 我不＿＿＿＿＿了。金真，丽莎在你这里吗?

   B 她回宿舍去了。你有事吗?

   A 我刚从她宿舍来，她还没回去呢。

② A 李娜，你是不是跟丽莎一个宿舍?

   B 对。老师，您有什么事吗?

   A 丽莎有一个＿＿＿＿＿。

   B 是她家里寄来的吗?

   A 好像是。麻烦你＿＿＿＿＿她一声，请她到办公室来取。

쑥쑥 연습

3. 문장의 밑줄 친 단어를 바꾸어 말해 보세요.

mp3 09-06

① **进来**吧。　들어와.

出来
chūlai

回去
huíqu

上来
shànglai

mp3 09-07

② 她**回宿舍**去了。　그녀는 기숙사로 돌아갔어.

上楼
shàng lóu

回家
huí jiā

进教室
jìn jiàoshì

mp3 09-08

③ 我可以<u>替</u>她<u>取</u>吗？　제가 그녀 대신 찾아가도 되나요?

| | |
|---|---|
| 带 dài | 去 qù |
| 帮 bāng | 写 xiě |
| 让 ràng | 走 zǒu |

mp3 09-09

④ 我给<u>她</u> <u>送过去</u>吧。　제가 그녀에게 건네줄게요.

| | |
|---|---|
| 你们 nǐmen | 邮过去 yóu guòqu |
| 你 nǐ | 拿过来 ná guòlai |
| 老师 lǎoshī | 寄过去 jì guòqu |

# Nǐ kàn de dǒng ma?

# 你看得懂吗?

보고 이해할 수 있어?

🔘 mp3 10

diànyǐngyuàn
电影院

diànyǐngpiào
电影票

dòngzuòpiàn
动作片

kělè
可乐

diànyǐng
电影

bàomǐhuā
爆米花

**학습 목표** 중국 영화와 물건을 구매한 장소에 대해 말할 수 있다.

**학습 내용** 1. 중국 영화에 대해 말하기
2. 물건을 구매한 장소에 대해 말하기

**주요 어법** 가능보어 │ 不但……而且……

mp3 10-00

| | | | |
|---|---|---|---|
| 1. 英雄 | yīngxióng | 명 | 영웅 |
| 2. 电影 | diànyǐng | 명 | 영화 |
| 3. 电影院 | diànyǐngyuàn | 명 | 영화관, 극장 |
| 4. 电脑 | diànnǎo | 명 | 컴퓨터 |
| 5. 这么 | zhème | 대 | 이렇게 |
| 6. 中文 | Zhōngwén | 명 | 중국어 |
| 7. 不但……而且…… | búdàn……érqiě…… | 접 | ～뿐만 아니라 ～도 |
| 8. 种类 | zhǒnglèi | 명 | 종류 |
| 9. 比较 | bǐjiào | 부 | 비교적 |
| 10. 照相机 | zhàoxiàngjī | 명 | 사진기 |
| 11. 电子 | diànzǐ | 명 | 전자 |
| 12. 城 | chéng | 명 | 큰 규모의 상업적인 장소를 나타냄, 성 |
| 13. 卖 | mài | 동 | 팔다 |
| 14. 其他 | qítā | 대 | 기타 |
| 15. 价钱 | jiàqian | 명 | 가격 |

## 1 你看得懂吗?

mp3 10-01

Wǒ zuótiān kànle 《Yīngxióng》.
김진 我昨天看了《英雄》。

Nǐ kàn de dǒng ma?
왕양 你看得懂吗?

Yǒu de dìfang kàn de dǒng, yǒu de dìfang kàn bu dǒng.
김진 有的地方看得懂，有的地方看不懂。

Tīng de dǒng tāmen zài shuō shénme ma?
왕양 听得懂他们在说什么吗?

Wǒ tīng bu dǒng tāmen zài shuō shénme, dànshì wǒ juéde diànyǐng pāi de hěn hǎo.
김진 我听不懂他们在说什么，但是我觉得电影拍得很好。

Nǐ shì qù diànyǐngyuàn kàn de ma?
왕양 你是去电影院看的吗?

Bú shì, wǒ shì zài diànnǎo shang kàn de.
김진 不是，我是在电脑上看的。

Nǐ zhème xǐhuan kàn diànyǐng, jīnwǎn wǒ qǐng nǐ qù diànyǐngyuàn kàn ba.
왕양 你这么喜欢看电影，今晚我请你去电影院看吧。

Bù hǎoyìsi, jīnwǎn wǒ yǒu shì.
김진 不好意思，今晚我有事。

Méi guānxi, xià cì ba.
왕양 没关系，下次吧。

✔ **Quiz**
mp3 10-02

1) 金真昨天看了中文电影了，她看得懂吗?

2) 金真是去电影院看的吗?

## 2 不但种类多，而且价钱也比较便宜。 🔘 mp3 10-03

왕양
Nǐ bú shì yào mǎi zhàoxiàngjī ma?
你不是要买照相机吗？

김진
Shì a, kěshì wǒ bù zhīdào zài nǎr mǎi.
是啊，可是我不知道在哪儿买。

왕양
Wǒ dài nǐ qù diànzǐchéng mǎi ba.
我带你去电子城买吧。

김진
Diànzǐchéng?
电子城？
Bú shì mài diànshì de dìfang ma?
不是卖电视的地方吗？

왕양
Shì a, dàn yě mài qítā dōngxi.
是啊，但也卖其他东西。

김진
Nàli de dōngxi hěn guì ba?
那里的东西很贵吧？

왕양
Bù, nàli de dōngxi búdàn zhǒnglèi duō, érqiě jiàqian yě bǐjiào piányi.
不，那里的东西不但种类多，而且价钱也比较便宜。

김진
Nà wǒmen xiànzài jiù qù ba.
那我们现在就去吧。

 Quiz 🔘 mp3 10-04

1) 金真想买照相机，王洋带金真去哪里？

2) 电子城的东西怎么样？

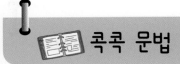

**① 你看得懂吗?**

'동사 + 得/不 + 동사/형용사'의 형식을 써서, 동작의 실현 가능성 여부를 말하거나 어떠한 능력을 가지고 있는지를 나타낸다. 이때 쓴 '동사/형용사'를 가능보어라고 한다.

> 예) Nǐ xiànzài tīng de dǒng Zhōngwén diànyǐng ma?
> A: 你现在听得懂中文电影吗? 너는 지금 중국 영화를 알아들을 수 있어?
>
> Wǒ hái tīng bu dǒng Zhōngwén diànyǐng.
> B: 我还听不懂中文电影。 나는 아직 중국 영화를 알아들을 수 없어.
>
> Wǒ kàn bu qīngchu hēibǎn shang de zì.
> 我看不清楚黑板上的字。 나는 칠판 글씨가 잘 안 보인다.
>
> Zhè shuāng yùndòngxié tài zāng le, xǐ bu gānjìng.
> 这双运动鞋太脏了, 洗不干净。 이 운동화는 너무 더러워서, 깨끗하게 빨 수 없다.

**② 不但种类多, 而且价钱也比较便宜。**

'不但……, 而且……'는 앞절보다 뒷절이 더 진일보된 뜻임을 나타내는 복문으로, 주어의 위치를 주의해야 한다. 앞절과 뒷절의 주어가 동일할 때, 주어는 '不但' 앞에 위치한다.

> 예) Wǒ búdàn qùguo Shànghǎi, érqiě qùguo sān cì le.
> 我不但去过上海, 而且去过三次了。
> 나는 상하이에 가 봤을 뿐만 아니라, 세 번이나 갔었다.
>
> Tā búdàn huì shuō Zhōngwén, érqiě hái huì shuō Rìyǔ.
> 他不但会说中文, 而且还会说日语。
> 그는 중국어를 할 수 있을 뿐만 아니라, 일본어도 할 수 있다.

앞절과 뒷절의 주어가 다르다면, 주어는 각각 '不但'과 '而且' 뒤에 써야 한다.

> 예) Búdàn wǒ qùguo Zhōngguó, érqiě tā yě qùguo.
> 不但我去过中国, 而且他也去过。
> 내가 중국에 가 봤을 뿐만 아니라, 그도 중국에 가 봤다.
>
> Búdàn tā huì shuō Zhōngwén, érqiě tā dìdi yě huì shuō Zhōngwén.
> 不但他会说中文, 而且他弟弟也会说中文。
> 그도 중국어를 할 수 있을 뿐만 아니라, 그의 동생도 중국어를 할 수 있다.

**1.** 녹음을 듣고 다음 빈칸을 채우세요.

mp3 10-05

① Wǒ juéde _____ pāi de hěn hǎo.

    ⓐ biànyǐng      ⓑ diànyǐng      ⓒ diànyǐn

② Wǒ shì zài _____ shang kàn de.

    ⓐ tiānnǎo      ⓑ diànnǎo      ⓒ jiànnǎo

③ Diànzǐchéng bú shì _____ diànshì de dìfang ma?

    ⓐ mǎi      ⓑ mái      ⓒ mài

④ _____ yě bǐjiào piányi.

    ⓐ Jiàqian      ⓑ Jiǎqián      ⓒ Jiāqián

**2.** 보기를 참고하여 다음 빈칸을 채우세요.

> 보기    不但      贵      拍      不懂

① **A** 我昨天看了《英雄》。

   **B** 你看得懂吗?

   **A** 有的地方看得懂, 有的地方看_____。

   **B** 听得懂他们在说什么吗?

   **A** 我听不懂他们在说什么, 但是我觉得电影_____得很好。

② **A** 那里的东西很_____吧?

   **B** 不, 那里的东西_____种类多, 而且价钱也比较便宜。

   **A** 那我们现在就去吧。

**3.** 문장의 밑줄 친 단어를 바꾸어 말해 보세요.

mp3 10-06

① 你**看**得**懂**吗? 너 보고 이해할 수 있어?

| 听 | 懂 |
|---|---|
| tīng | dǒng |

| 写 | 好 |
|---|---|
| xiě | hǎo |

| 说 | 流利 |
|---|---|
| shuō | liúlì |

mp3 10-07

② 我是在**电脑上** **看**的。 나는 컴퓨터로 본 거야.

| 商场 | 买 |
|---|---|
| shāngchǎng | mǎi |

| 路上 | 丢 |
|---|---|
| lùshang | diū |

| 中国 | 学 |
|---|---|
| Zhōngguó | xué |

③ 那里的东西不但种类多，而且价钱也比较便宜。

그곳의 물건은 종류가 많을 뿐만 아니라, 가격도 비교적 저렴해.

| 这儿的衣服 | 便宜 | 质量也好 |
|---|---|---|
| zhèr de yīfu | piányi | zhìliàng yě hǎo |
| 新来的同学 | 会说汉语 | 说得很好 |
| xīn lái de tóngxué | huì shuō Hànyǔ | shuō de hěn hǎo |
| 我弟弟 | 会写汉字 | 写得很好 |
| wǒ dìdi | huì xiě Hànzì | xiě de hěn hǎo |

mp3 10-09

④ 我带你去电子城买吧。 내가 널 데리고 전자상가로 사러 갈게.

| 陪 | 医院 | 看 |
|---|---|---|
| péi | yīyuàn | kàn |
| 跟 | 商场 | 买 |
| gēn | shāngchǎng | mǎi |
| 带 | 公园 | 玩儿 |
| dài | gōngyuán | wánr |

mp3 11

# Nǐ zuìjìn zěnme yuèláiyuè shòu le?
# 你最近怎么越来越瘦了?

너 요즘 왜 갈수록 야위어 가?

chūntiān
春天

xiàtiān
夏天

qiūtiān
秋天

dōngtiān
冬天

**학습 목표**　날씨와 피부 고민에 대해 말할 수 있다.

**학습 내용**　1. 날씨에 대해 말하기
　　　　　　　2. 피부 고민에 대해 말하기

**주요 어법**　越来越＋형용사 ｜ 又……又……

mp3 11-00

| | | | |
|---|---|---|---|
| 1. 越来越 | yuèláiyuè | 부 | 갈수록, 점점 |
| 2. 瘦 | shòu | 형 | 마르다 |
| 3. 天气 | tiānqì | 명 | 날씨 |
| 4. 热 | rè | 형 | 덥다 |
| 5. 胃口 | wèikǒu | 명 | 식욕 |
| 6. 讨厌 | tǎoyàn | 동 | 싫어하다 |
| 7. 夏天 | xiàtiān | 명 | 여름 |
| 8. 蚊子 | wénzi | 명 | 모기 |
| 9. 点 | diǎn | 동 | 불을 붙이다 |
| 10. 蚊香 | wénxiāng | 명 | 모기향 |
| 11. 气味 | qìwèi | 명 | 냄새 |
| 12. 脸 | liǎn | 명 | 얼굴 |
| 13. 包 | bāo | 명 | 혹, 종기, 여드름 |
| 14. 红 | hóng | 형 | 붉다 |
| 15. 肿 | zhǒng | 형 | 붓다, 부어오르다 |
| 16. 难看 | nánkàn | 형 | 못생기다 |
| 17. 挤 | jǐ | 동 | 짜다 |
| 18. 消 | xiāo | 동 | 사라지다, 없어지다 |
| 19. 发炎 | fāyán | 동 | 염증이 나다 |
| 20. 涂 | tú | 동 | 바르다, 칠하다 |
| 21. 消炎药 | xiāoyányào | 명 | 소염제 |

술술 회화

## 1 你最近怎么越来越瘦了?

Nǐ zuìjìn zěnme yuèláiyuè shòu le?
리나 你最近怎么越来越瘦了?

Yīnwèi tiānqì rè le,　yuèláiyuè méiyǒu wèikǒu le!
피터 因为天气热了，越来越没有胃口了!

Tiānqì rè jiù huì méi wèikǒu ma?
리나 天气热就会没胃口吗?

Shì a!　Méi wèikǒu chī de jiù shǎo,　suǒyǐ shòu le.　Nǐ zěnmeyàng?
피터 是啊! 没胃口吃得就少，所以瘦了。你怎么样?

Wǒ hái hǎo,　jiùshì hěn tǎoyàn xiàtiān de wénzi.
리나 我还好，就是很讨厌夏天的蚊子。

Nǐ shuìjiào de shíhou diǎn wénxiāng ma?
피터 你睡觉的时候点蚊香吗?

Diǎn,　kě wǒ bù xǐhuan nà zhǒng qìwèi.
리나 点，可我不喜欢那种气味。

Nà nǐ shìshi diànwénxiāng ba,　kěnéng huì hǎo diǎnr.
피터 那你试试电蚊香吧，可能会好点儿。

**Quiz**

1) 彼得天气热了会怎么样?
2) 讨厌蚊子，怎么办好?

**2** 我脸上的包又红又肿。

mp3 11-03

Zhēn nánkàn, wǒ liǎnshang de bāo yòu hóng yòu zhǒng.

리나 真难看，我脸上的包又红又肿。

Nǐ shì bu shì jǐguo?

피터 你是不是挤过？

Shì de.

리나 是的。

Nǐ bù yīnggāi jǐ.

피터 你不应该挤。

Wèishénme?

리나 为什么？

Bù jǐ jiù huì mànmàn xiāo de.

피터 不挤就会慢慢消的。

Wǒ juéde bù hǎokàn,　xiǎng bǎ tā jǐdiào.

리나 我觉得不好看，想把它挤掉。

Dànshì,　nǐ yì jǐ jiù fāyán le.

피터 但是，你一挤就发炎了。

Nà xiànzài zěnme bàn?

리나 那现在怎么办？

Xiān tú diǎn xiāoyányào kànkan ba.

피터 先涂点消炎药看看吧。

 **Quiz**

mp3 11-04

1) 李娜脸上的包怎么样？

2) 李娜现在怎么办好？

**①** **你最近怎么越来越瘦了?**

'越来越 + 형용사/동사'는 정도가 시간이 갈수록 심해짐을 나타낸다.

예) Dàole sān yuè fèn, tiānqì yuèláiyuè nuǎnhuo.
到了三月份，天气越来越暖和。 3월이 되니, 날씨가 갈수록 따뜻해진다.

Xuéxí yuèláiyuè nán le.
学习越来越难了。 공부가 갈수록 어려워진다.

Yuèláiyuè xǐhuan Zhōngguócài le.
越来越喜欢中国菜了。 갈수록 중국 요리가 좋아진다.

**②** **我脸上的包又红又肿。**

'又……又……'는 병렬관계인 동사나 형용사를 연결하여, 두 가지 상황이 동시에 존재함을 나타낸다.

예) Zhèli de shuǐguǒ yòu hǎo yòu piányi.
这里的水果又好又便宜。 이곳의 과일은 좋기고 하고 저렴하기도 하다.

Wǒmen de sùshè yòu ānjìng yòu gānjìng.
我们的宿舍又安静又干净。 우리 기숙사는 조용하고 깨끗하다.

Tā de xié yòu zāng yòu pò.
他的鞋又脏又破。 그의 신발은 더럽기도 하고 찢어지기도 했다.

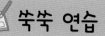 

**1.** 녹음을 듣고 다음 빈칸을 채우세요.     🔘 mp3 11-05

① Nǐ zuìjìn zěnme yuèláiyuè _____ le?
    ⓐ shòu        ⓑ shǒu        ⓒ shōu

② Wǒ bù xǐhuan nà zhǒng _____.
    ⓐ qìwēn        ⓑ qìwèi        ⓒ qīwǔ

③ Wǒ liǎnshang de bāo yòu hóng yòu _____.
    ⓐ zhōng        ⓑ zōng        ⓒ zhǒng

④ Bù jǐ jiù huì mànmàn _____ de.
    ⓐ piāo        ⓑ sāo        ⓒ xiāo

**2.** 보기를 참고하여 다음 빈칸을 채우세요.

> 보기    难看       少       应该       越来越

① **A** 你最近怎么越来越瘦了?

    **B** 因为天气热了，_____没有胃口了!

    **A** 天气热就会没胃口吗?

    **B** 是啊! 没胃口吃得就_____，所以瘦了。

② **A** 真_____，我脸上的包又红又肿。

    **B** 你是不是挤过?

    **A** 是的。

    **B** 你不_____挤。

3. 문장의 밑줄 친 단어를 바꾸어 말해 보세요.

mp3 11-06

① **你**最近怎么越来越**瘦**了?　너 요즘 왜 갈수록 야위어 가?

| 他 | 胖 |
| tā | pàng |

| 爸爸 | 忙 |
| bàba | máng |

| 姐姐 | 讨厌他 |
| jiějie | tǎoyàn tā |

mp3 11-07

② 越来越**没有胃口**了!　갈수록 입맛이 없어!

身体不好
shēntǐ bù hǎo

没意思
méi yìsi

可爱
kě'ài

③ **我脸上的包又红又肿。**　내 얼굴의 여드름이 빨갛기도 하고 붓기도 했어.

mp3 11-08

| 这里的水果<br>zhèli de shuǐguǒ | 好<br>hǎo | 便宜<br>piányi |
|---|---|---|
| 图书馆<br>túshūguǎn | 干净<br>gānjìng | 安静<br>ānjìng |
| 他的衣服<br>tā de yīfu | 脏<br>zāng | 破<br>pò |

mp3 11-09

④ **你不应该挤。**　너는 짜서는 안 돼.

说
shuō

去
qù

来
lái

# Nǐ bǎ yǐnliào mǎi huílai le ma?  mp3 12

# 你把饮料买回来了吗?

너 음료수를 사 왔어?

**학습 목표** 생일 파티 준비 및 상황을 전달하는 표현을 할 수 있다.

**학습 내용** 1. 생일 파티 준비하기
2. 상황 전달하기

**주요 어법** 복합방향보어 | 挺……的

🔘 mp3 12-00

| | | | |
|---|---|---|---|
| 1. 饮料 | yǐnliào | 명 | 음료수 |
| 2. 回来 | huílai | 동 | 돌아오다 |
| 3. 瓶 | píng | 양 | 병(병에 담긴 물건을 세는 단위) |
| 4. 可乐 | kělè | 명 | 콜라 |
| 5. 果汁儿 | guǒzhīr | 명 | 과일 주스 |
| 6. 定做 | dìngzuò | 동 | 주문 제작하다 |
| 7. 蛋糕 | dàngāo | 명 | 케이크 |
| 8. 差 | chà | 형 | 모자라다, 부족하다 |
| 9. 过去 | guòqu | 동 | 지나가다 |
| 10. 单杠 | dāngàng | 명 | 철봉 |
| 11. 掉 | diào | 동 | 떨어지다 |
| 12. 听说 | tīngshuō | 동 | 듣자(하)니, 듣건대 |
| 13. 受伤 | shòushāng | 동 | 부상을 당하다, 상처를 입다 |
| 14. 操场 | cāochǎng | 명 | 운동장 |
| 15. 严重 | yánzhòng | 형 | 심각하다 |
| 16. 挺 | tǐng | 부 | 아주 |
| 17. 住院 | zhùyuàn | 동 | 입원하다 |

**1** 你把饮料买回来了吗?  ◯ mp3 12-01

리사
Nǐ bǎ yǐnliào mǎi huílai le ma?
你把饮料买回来了吗?

왕양
Mǎi huílai le.
买回来了。
Wǒ búdàn mǎile jǐ píng kělè,　　hái mǎile jǐ píng guǒzhīr ne.
我不但买了几瓶可乐, 还买了几瓶果汁儿呢。

리사
Dìngzuò de dàngāo yě ná huílai le ma?
定做的蛋糕也拿回来了吗?

왕양
Ná huílai le.　　Dōu zài wǒ de fángjiān li fàngzhe ne.
拿回来了。 都在我的房间里放着呢。

리사
Xiǎngxiang, hái chà shénme ne?
想想, 还差什么呢?

왕양
Duì le,　　hái chà sòng gěi Jīn Zhēn de shēngrì lǐwù.
对了, 还差送给金真的生日礼物。

리사
Shēngrì lǐwù wǒ yǐjīng zhǔnbèi hǎo le.
生日礼物我已经准备好了。

왕양
Nà,　　wǒmen xiànzài jiù ná guòqu ba.
那, 我们现在就拿过去吧。

◯ Quiz  ◯ mp3 12-02

1) 王洋买回来什么了?
2) 蛋糕也拿回来了吗?

## 2 他从单杠上掉下来了。  mp3 12-03

왕양
Nǐ tīngshuō le ma?　Bǐdé shòushāng le.
你听说了吗？彼得受伤了。

리사
Wǒ méi tīngshuō a,　tā shì zěnme shòushāng de?
我没听说啊，他是怎么受伤的？

왕양
Zuótiān xiàwǔ zài cāochǎng shang wánr de shíhou,　tā cóng dāngàng shang diào xiàlai le.
昨天下午在操场上玩儿的时候，他从单杠上掉下来了。

리사
Shāng de yánzhòng ma?
伤得严重吗？

왕양
Tǐng yánzhòng de. Zhùyuàn le.
挺严重的。住院了。

리사
Dōu zhùyuàn le?
都住院了？
Xiàkè hòu wǒmen qù yīyuàn kànkan tā ba.
下课后我们去医院看看他吧。

  mp3 12-04

1） 彼得怎么受伤的？

2） 伤得严重吗？

**1** **你把饮料买回来了吗?**

'上', '下', '进', '出', '回', '过', '起'가 '来'나 '去'와 결합하여, 동사 뒤에 오면 동작의 방향을 나타내며, 이를 복합방향보어라고 한다. 자주 쓰는 복합방향보어는 다음과 같다.

|   | 上 | 下 | 进 | 出 | 回 | 过 | 起 |
|---|----|----|----|----|----|----|----|
| 来 | 上来 | 下来 | 进来 | 出来 | 回来 | 过来 | 起来 |
| 去 | 上去 | 下去 | 进去 | 出去 | 回去 | 过去 |  |

목적어가 장소이면, 목적어는 '来'나 '去'의 앞에 위치한다.

예) 他上楼去了。 Tā shàng lóu qu le.　그는 위층으로 올라갔다.

老师走进教室来了。 Lǎoshī zǒujìn jiàoshì lai le.　선생님께서 교실로 걸어 들어오셨다.

목적어가 일반명사이면, 목적어는 '来'나 '去'의 앞, 뒤에 모두 위치할 수 있다.

예) Wǒ yào gěi jiějie sòng yì běn shū qu.
我要给姐姐送一本书去。 나는 언니에게 책 한 권을 갖다 주려고 한다.

Wǒ mǎi huílai yì běn xiǎoshuō.
我买回来一本小说。 나는 소설책 한 권을 사 왔다.

**2** **挺严重的。**

'挺'은 구어체이며, 정도가 비교적 높음을 나타내지만, '很'보다는 정도가 낮다. '挺 + 형용사/동사 (+的)'의 형식으로 자주 쓴다.

예) Zhè tiáo qúnzi tǐng piàoliang (de).
这条裙子挺漂亮(的)。 이 치마는 아주 예쁘다.

Tā zuò de cài tǐng hǎochī (de).
她做的菜挺好吃(的)。 그녀가 만든 요리는 아주 맛있다.

Nà jiā de yīfu tǐng guì (de).
那家的衣服挺贵(的)。 그 집 옷은 아주 비싸다.

1. 녹음을 듣고 다음 빈칸을 채우세요.　　　　　　　　　　◎ mp3 12-05

　① Wǒ mǎile jǐ píng _____.
　　ⓐ kēlè　　　　　　ⓑ gēlè　　　　　　ⓒ kělè

　② Dìngzuò de _____ yě ná huílai le ma?
　　ⓐ dānkào　　　　　ⓑ dàngāo　　　　　ⓒ tánggāo

　③ Tā cóng dāngàng shang _____ xiàlai le.
　　ⓐ tiào　　　　　　ⓑ pǎo　　　　　　ⓒ diào

　④ Shāng de _____ yángzhòng de.
　　ⓐ dǐng　　　　　　ⓑ tǐng　　　　　　ⓒ qīng

2. 보기를 참고하여 다음 빈칸을 채우세요.

　　보기　着　　　　定做　　　　都　　　　掉

　① A　你把饮料买回来了吗?
　　 B　买回来了。我不但买了几瓶可乐，还买了几瓶果汁儿呢。
　　 A　_____的蛋糕也拿回来了吗?
　　 B　拿回来了。都在我的房间里放_____呢。

　② A　昨天下午在操场上玩儿的时候，他从单杠上_____下来了。
　　 B　伤得严重吗?
　　 A　挺严重的。住院了。
　　 B　_____住院了? 下课后我们去医院看看他吧。

**3.** 문장의 밑줄 친 단어를 바꾸어 말해 보세요.

mp3 12-06

① 你把**饮料****买回来**了吗? 너 음료수를 사 왔어?

| | |
|---|---|
| 礼物<br>lǐwù | 送过去<br>sòng guòqu |
| 信<br>xìn | 寄过去<br>jì guòqu |
| 衣服<br>yīfu | 穿上去<br>chuān shàngqu |

mp3 12-07

② **生日礼物**我已经**准备**好了。 생일 선물은 내가 벌써 다 준비했어.

| | |
|---|---|
| 作业<br>zuòyè | 写<br>xiě |
| 衣服<br>yīfu | 穿<br>chuān |
| 饭<br>fàn | 做<br>zuò |

mp3 12-08

③ 他从<u>单杠上</u><u>掉</u>下来了。　그는 철봉에서 떨어졌어.

| 二楼<br>èr lóu | 跑<br>pǎo |
| --- | --- |
| 书架上<br>shūjià shang | 拿<br>ná |
| 飞机上<br>fēijī shang | 走<br>zǒu |

mp3 12-09

④ <u>伤</u>得<u>严重</u>吗?　많이 다쳤어?

| 唱<br>chàng | 好听<br>hǎotīng |
| --- | --- |
| 睡<br>shuì | 晚<br>wǎn |
| 做<br>zuò | 好吃<br>hǎochī |

**1.** 녹음을 듣고 다음 빈칸에 들어갈 알맞은 단어를 찾아 적으세요. **mp3 12-10**

① Lìshā yǒu yí ge _____.

     ⓐ kuàidì      ⓑ guàidī      ⓒ guàitī      ⓓ kuàitì

② Yòng kuàizi _____ yíxià.

     ⓐ jiǎbàn      ⓑ jiǎobàn      ⓒ jiǎobà      ⓓ jiāobàn

③ Yuèláiyuè méiyǒu _____ le!

     ⓐ wèikǒu      ⓑ wēikǒu      ⓒ wèikóu      ⓓ wèikou

④ Nǐ shì yī _____ de xuésheng ma?

     ⓐ niánjì      ⓑ liánjià      ⓒ liánjie      ⓓ niánjí

**2.** 단어를 읽고 알맞은 한어병음을 써 보세요.

① 鸡蛋 _____      ② 帮助 _____

③ 打开 _____      ④ 容易 _____

⑤ 干净 _____      ⑥ 电脑 _____

⑦ 价钱 _____      ⑧ 生活 _____

**3.** 주어진 단어를 배열하여 문장을 완성해 보세요.

① 打　把　书　请　开　。
▶ _____

② 汉语　得　他　说　不错　。
▶ _____

③ 坐　是　我　来　的　飞机　。
▶ _____

④ 我　了　学　一年　汉语　。
▶ _____

**4.** 주어진 단어를 알맞은 위치에 넣어 문장을 만들어 보세요.

① (家)　他　ⓐ　已经　ⓑ　回　ⓒ　去　ⓓ　了。

② (对)　ⓐ　你　ⓑ　什么　ⓒ　感　ⓓ　兴趣?

③ (去)　李娜　ⓐ　回　ⓑ　宿舍　ⓒ　了　ⓓ　吗?

④ (得)　今天　ⓐ　表演　ⓑ　你　ⓒ　看　ⓓ　怎么样?

⑤ (来)　是　ⓐ　她　ⓑ　家　ⓒ　里寄　ⓓ　的吗?

## 第1课

### 회화1 이번 학기에 몇 과목 신청했어?

왕양    이번 학기에 몇 과목 신청했어?

김진    여섯 과목. 전공과목 네 과목에, 중국어 두 과목이야.

왕양    전공과목은 일주일에 몇 시간이야?

김진    18시간이야.

왕양    중국어 두 과목은 어떤 거야?

김진    쓰기와 읽기 과목이야.

왕양    중국어가 어려워?

김진    중국어는 쓰기가 아주 어려워.

### 회화2 넌 점심 먹고 뭐 할 거야?

피터    넌 점심 먹고 뭐 할 거야?

김진    도서관에 가서 책을 보려고. 너는?

피터    나는 시내에 가서 물건을 좀 사려고.

김진    뭐 살 건데?

피터    기숙사에 먹을 것이 없어. 간식 좀 사려고.
       너 나랑 같이 갈 수 있어?

김진    그럼 좋아. 나도 과일이 먹고 싶어졌어.

피터    잘됐다. 돌아오는 길에 내가 커피 살게.

김진    와, 그럼 사양하지 않겠어.

피터    사양할 필요 없어, 나한테 스타벅스 쿠폰이 두
       장 있어.

## 第2课

### 회화1 너 왜 이제야 와?

김진    너 왜 이제야 와?

피터    미안해. 어젯밤에 1시에야 잠을 잤어.

김진    어젯밤에 뭐 했는데?

피터    어젯밤에 배가 아파서, 잠을 못 잤어.

김진    병원에는 갔어?

피터    가 봤어. 응급실의 의사 선생님이 장염에 걸렸대.

김진    지금은 어때?

피터    좀 괜찮아졌어.

### 회화2 100m를 나는 16초면 뛰어.

김진    학교에서 다음 주 토요일에 운동회를 한대, 너
       아니?

피터    알아. 우리 유학생들도 참가할 수 있어?

김진    당연하지. 무슨 종목에 참가하고 싶은데?

피터    나 100m 달리기에 나가고 싶어.

김진    100m를 얼마에 달리는데?

피터    100m를 나는 16초면 뛰어.

김진    정말 대단하다! 내일 아침에 너하고 같이 달리기
       를 해도 돼?

피터    좋아! 내가 일어나자마자 너한테 바로 전화할게.

## 第3课

### 회화1 나는 시험을 준비하고 있어.

왕양    김진, 오랜만이야, 요즘 뭐 하느라 바빠?

김진    나는 시험을 준비하고 있어.

왕양    무슨 시험인데?

김진    한어수평고시야.

왕양    시험이 어려워?

김진    아주 어려워. 복습해야 해. 너는 요즘 뭐 하고
       있어?

왕양    나는 호텔에서 실습하고 있어.

김진    실습이 바빠?

왕양    조금 바빠.

### 회화2 수업하고 있어요.

김진        손 선생님, 안녕하세요!

손 선생님    안녕하세요, 김진 학생! 어떻게 왔어요?

김진        어제 오후에 선생님을 찾아왔었는데, 선생님
           이 안 계셨어요.

손 선생님    어제 오후에 수업하고 있었어요. 무슨 일로
           찾았어요?

김진        선생님께 질문이 하나 있어서요.

손 선생님    무슨 질문이죠?

김진        "有点儿"과 "一点儿"은 뭐가 다르죠? 지금
           알려 주실 수 있으세요?

손 선생님   좀 이따가 수업이 있는데, 수업 끝나고 알려
                  줘도 되죠?
김진       네. 감사합니다. 선생님!

## 第4课

### 회화1 사과는 귤보다 달아.

리나       너 귤 먹을래?
피터       난 귤을 안 좋아해.
리나       왜?
피터       귤이 좀 시어서.
리나       그럼 넌 무슨 과일을 좋아해?
피터       나는 사과를 좋아해. 사과는 귤보다 달아.
리나       내가 바나나 가지고 왔어. 바나나는 시지 않으
           니, 너는 바나나 먹어.
피터       그래, 바나나는 소화에도 도움이 되지.

### 회화2 언니는 나보다 세 살이 더 많아.

왕양       리사, 너희 집은 형제자매가 참 많네!
리사       맞아, 오빠 한 명, 언니 한 명, 여동생 한 명과 남
           동생 한 명이 있어.
왕양       그들의 나이는 어떻게 돼?
리사       오빠는 나보다 여섯 살 많고, 언니는 나보다 세
           살이 더 많아.
왕양       여동생과 남동생은?
리사       여동생은 나보다 한 살 적고, 남동생은 나보다
           두 살이 적어.
왕양       어머니가 아주 젊으시네!
리사       응, 어머니는 아버지보다 여덟 살이 적으셔.
           너는 형제자매가 어떻게 돼?
왕양       나는 외동아들이야.

## 第5课

### 회화1 시험 잘 봤어?

왕양       너희들 시험 봤어?

리사       지난주 금요일에 시험 봤어.
왕양       어땠어? 잘 봤어?
리사       잘 못 봤어. 지난주에 좀 아파서, 잘 준비하지 못
           했어.
왕양       괜찮아, 다음번에 또 있잖아?
리사       다음번에는 반드시 노력할 거야.
왕양       하지만 먼저 건강에 주의해야 해. 너는 좀 따뜻
           하게 입어야 해.
리사       신경 써 줘서 고마워.

### 회화2 당신은 이미 중국어를 아주 잘하는데요.

피터       손 선생님, 이번 주에 시간 있으세요?
손 선생님   금요일 오후에 시간이 있는데. 무슨 일이 있
                  어요?
피터       중국어 질문이 좀 있어서 도움을 좀 받으려
           고요, 괜찮으세요?
손 선생님   그럼요. 피터 학생은 이미 중국어를 아주 잘
                  하는데요.
피터       그런데 한자를 아직 잘 못 써요!
손 선생님   많이 연습하면, 잘 쓸 수 있어요.
피터       좋아요, 저는 꼭 노력할 거예요.
손 선생님   금요일에 만나요!
피터       금요일에 봬요!

## 第6课

### 회화1 나 혼자 갔어.

리나       이번 여름 방학에 어디에 여행을 갔었어?
피터       나는 구이린에 갔었어.
리나       누구와 같이 갔어?
피터       나 혼자 갔어.
리나       어떻게 갔어?
피터       기차를 타고 갔어.
리나       구이린은 어땠어?
피터       구이린은 경치가 아주 아름다웠어. 내가 사진 많
           이 찍었는데, 저녁에 와서 봐.
리나       좋아, 저녁밥을 먹고 바로 갈게.

회화2 어디에서 치료한 거야?

| | |
|---|---|
| 피터 | 왜 안경을 안 써? |
| 리나 | 근시를 치료했어, 안경 쓸 필요가 없어. |
| 피터 | 어디에서 치료한 거야? |
| 리나 | 베이징병원에서 치료했어. |
| 피터 | 효과가 어때? |
| 리나 | 아주 만족해. |
| | 지금 사물 보는 것이 전보다 많이 선명해졌어. |
| | 너도 가 봐. |
| 피터 | 좋아. 나도 방학하자마자 가 볼게. |

## 第7课

회화1 중국어를 얼마나 배웠어요?

| | |
|---|---|
| 행인 | 학생은 1학년이에요? |
| 리사 | 네! |
| 행인 | 중국어를 얼마나 배웠어요? |
| 리사 | 3년 배웠어요. 저는 중국에 오자마자 중국어를 배우기 시작했어요. |
| 행인 | 중국어를 정말 잘하네요! |
| 리사 | 저는 중국어를 배우면서, 영어 개인 지도를 했었어요. |
| 행인 | 중국어가 영어 개인 지도에 도움이 되었어요? |
| 리사 | 그럼요. 제 생활에도 도움이 돼요. |

회화2 나는 중국 문화에 관심이 많아.

| | |
|---|---|
| 피터 | 오늘 오후에 중국 전통문화 공연이 있는데, 보러 갈래? |
| 리사 | 나는 중국 문화에 관심이 많아, 당연히 가야지. |
| 피터 | 그럼, 오후에 기숙사에서 기다릴게. |

- - - - - - - - - - - - - - - - - - - - - - - -

| | |
|---|---|
| 피터 | 오늘 공연 잘 봤어? |
| 리사 | 공연 정말 잘하더라! 이제 중국 문화에 대해서 더 알게 됐어. |
| 피터 | 공연을 보면서 음악을 들으니, 이해하기 쉬웠어. |
| 리사 | 맞아! 나중에 이런 공연이 있으면, 꼭 알려 줘! |
| 피터 | 좋아, 꼭 알려 줄게! |

## 第8课

회화1 모두 책을 펼치세요.

| | |
|---|---|
| 손 선생님 | 모두 책을 펼치세요. 우리 먼저 7과를 복습할 게요. |
| | (피터가 지각했다.) |
| 손 선생님 | 피터 학생은 왜 이제 와요? |
| 피터 | 죄송합니다, 제 룸메이트가 아파서, 방금 병 원에 데려다줬습니다. |
| 손 선생님 | 그렇군요. 문을 닫아 주세요, 수업합시다. |
| 피터 | 선생님, 오늘 8과를 배우나요? |
| 손 선생님 | 네, 하지만, 먼저 7과를 복습하고 나서 8과를 배울 거예요. |

회화2 먼저 토마토를 깨끗이 씻어.

| | |
|---|---|
| 피터 | 리나, 토마토 달걀 볶음은 어떻게 만들어? 나에 게 가르쳐 줘 봐. |
| 리나 | 좋아. 먼저 토마토를 깨끗이 씻고, 작게 썰어 줘. |
| 피터 | 다음은? |
| 리나 | 그리고 달걀을 그릇에 깨서, 젓가락으로 잘 풀어. |
| 피터 | 이렇게 하고 바로 볶을 수 있는 거야? |
| 리나 | 맞아. 팬에 식용유를 두르고, 먼저 달걀을 볶아. |
| 피터 | 그다음 토마토를 볶으면 돼? |
| 리나 | 맞아, 그런데, 소금이랑 설탕 넣는 거 잊지 마! |

## 第9课

회화1 그녀는 기숙사로 돌아갔어.

| | |
|---|---|
| 왕양 | 김진 (안에) 있어? |
| 김진 | 왕양이구나! 들어 와. |
| 왕양 | 안 들어 갈 거야. 김진, 리사가 여기에 있어? |
| 김진 | 기숙사로 돌아갔는데. 무슨 일 있어? |
| 왕양 | 내가 막 리사의 기숙사에서 오는데, 아직 리사가 안 돌아왔어. |
| 김진 | 맞다, 리사가 먼저 피터한테로 간다고 했어. |
| 왕양 | 그래? 그럼 피터한테 가서 찾아봐야겠다. 폐를 끼 쳤어. |
| 김진 | 괜찮아. |

**회화2  그녀에게 사무실에 와서 찾아가라고 해 주세요.**

손 선생님　리나 학생, 리사 학생과 같은 방 맞죠?

리나　　　네. 선생님, 무슨 일 있으세요?

손 선생님　리사 학생한테 택배가 하나 왔어요.

리나　　　리사네 집에서 보내온 거예요?

손 선생님　그런 것 같아요. 미안하지만 리사 학생한테
　　　　　사무실에 와서 찾아가라고 해 주세요.

리나　　　제가 리사 대신 찾아가도 되나요?

손 선생님　그래도 돼요. 그런데 좀 커요. 들 수 있겠어요?

리나　　　괜찮아요. 선생님, 제가 리사에게 건네줄게요.


# 第10课

**회화1  보고 이해할 수 있어?**

김진　어제 영화 《영웅》을 봤어.

왕양　보고 이해할 수 있어?

김진　이해하는 부분도 있고, 모르는 부분도 있어.

왕양　그들이 무슨 말을 하는지 알아들을 수 있어?

김진　그들이 무슨 말을 하는지는 모르겠는데, 내 생각
　　　엔 영화를 참 잘 찍은 것 같아.

왕양　극장에 가서 본 거야?

김진　아니, 컴퓨터로 본 거야.

왕양　네가 이렇게 영화를 좋아하는데, 오늘 저녁에 영
　　　화관에 가서 영화 보여 줄게.

김진　미안해. 오늘 저녁에는 일이 있어.

왕양　괜찮아. 다음번에 보자.


**회화2  종류가 많을 뿐만 아니라, 가격도 비교적 저렴해.**

왕양　너 카메라를 산다고 하지 않았어?

김진　그래, 그런데 어디에서 사야 할지 모르겠어.

왕양　같이 전자 상가에 가서 사자.

김진　전자 상가?
　　　텔레비전을 파는 곳이 아니야?

왕양　맞아, 그러나 다른 물건들도 팔아.

김진　그곳의 물건들은 아주 비싸지?

왕양　아니야, 그곳의 물건은 종류가 많을 뿐만 아니
　　　라, 가격도 비교적 저렴해.


김진　그럼 우리 지금 가자.


# 第11课

**회화1  너 요즘 왜 갈수록 야위어 가?**

리나　너 요즘 왜 갈수록 야위어 가?

피터　날씨가 더워지니, 갈수록 입맛이 없어!

리나　날씨가 더워지면 입맛이 없어?

피터　응! 입맛이 없으니까 적게 먹고 되고, 그러니까
　　　마르는 것 같아. 너는 어때?

리나　나는 괜찮아, 다만 여름 모기가 정말 싫어.

피터　잠잘 때 모기향을 피워?

리나　피우지. 그런데 나는 그런 냄새를 싫어해.

피터　그럼 전기모기향을 사용해 봐, 좀 괜찮을 거야.


**회화2  내 얼굴의 여드름이 빨갛기도 하고 붓기도 했어.**

리나　정말 보기 싫어. 내 얼굴의 여드름이 빨갛기도
　　　하고 붓기도 했어.

피터　여드름 짰지?

리나　짰어.

피터　짜서는 안 돼.

리나　왜?

피터　안 짜면 천천히 가라앉을 거야.

리나　보기가 싫어서, 짜 버렸어.

피터　하지만, 네가 짜서 바로 염증이 생겼잖아.

리나　그럼 지금 어떻게 해?

피터　먼저 소염제를 발라 봐.


# 第12课

**회화1  너 음료수 사 왔어?**

리사　너 음료수 사 왔어?

왕양　사 가지고 왔어.
　　　콜라도 몇 병 사고, 과일 주스도 몇 병 샀어.

리사　주문한 케이크도 찾아왔어?

왕양　찾아왔어. 다 내 방에 놔뒀어.

리사　　생각해 보자. 또 뭐가 빠졌지?

왕양　　맞다. 김진한테 줄 생일 선물이 빠졌구나.

리사　　생일 선물은 내가 벌써 다 준비했어.

왕양　　그럼, 우리 지금 가지고 가자.

**회화2 그가 철봉에서 떨어졌어.**

왕양　　너 들었어? 피터가 다쳤어.

리사　　못 들었어. 어쩌다가 다쳤는데?

왕양　　어제 오후에 운동장에서 놀다가, 철봉에서 떨어졌어.

리사　　많이 다쳤어?

왕양　　아주 심해. 입원했어.

리사　　입원까지 했어?

　　　　수업 끝나고 우리 병원에 가 보자.

# 第1课

**1.**
① ⓒ
② ⓑ
③ ⓒ
④ ⓐ

**2.**
① 学期, 多少
② 了, 能

# 第2课

**1.**
① ⓑ
② ⓐ
③ ⓑ
④ ⓒ

**2.**
① 不能, 得
② 就, 给

# 第3课

**1.**
① ⓐ
② ⓑ
③ ⓐ
④ ⓒ

**2.**
① 好久不见, 呢
② 请教, 能

# 第4课

**1.**
① ⓐ
② ⓑ
③ ⓑ
④ ⓑ

**2.**
① 酸, 那
② 小, 独生子

# 第5课

**1.**
① ⓐ
② ⓑ
③ ⓒ
④ ⓐ

**2.**
① 得, 好好儿
② 但是, 努力

# 第6课

**1.**
① ⓑ
② ⓒ
③ ⓐ
④ ⓒ

**2.**
① 风景, 就
② 好, 哪儿

## 복습1

**1.**
① ⓑ
② ⓐ
③ ⓒ
④ ⓓ

**2.**
① wǔfàn     ② niánlíng
③ zhǔnbèi    ④ kǎoshì
⑤ shíxí       ⑥ liànxí
⑦ yǐjīng      ⑧ wèntí

**3.**
① 你能和我一起去吗?
② 他怎么现在才来?
③ 今天比昨天好一点儿了。
④ 你现在能告诉我吗?

**4.**
① ⓐ
② ⓒ
③ ⓑ
④ ⓒ
⑤ ⓐ

## 第7课

**1.**
① ⓑ
② ⓐ
③ ⓒ
④ ⓒ

**2.**
① 年级, 多长
② 表演, 音乐

## 第8课

**1.**
① ⓐ
② ⓒ
③ ⓑ
④ ⓐ

**2.**
① 先, 再
② 成, 搅拌

## 第9课

**1.**
① ⓒ
② ⓒ
③ ⓐ
④ ⓒ

**2.**
① 在, 进去
② 快递, 转告

## 第10课

**1.**
① ⓑ
② ⓑ
③ ⓒ
④ ⓐ

**2.**
① 不懂, 拍
② 贵, 不但

## 第11课

**1.**

① ⓐ
② ⓑ
③ ⓒ
④ ⓒ

**2.**

① 越来越, 少
② 难看, 应该

## 第12课

**1.**

① ⓒ
② ⓑ
③ ⓒ
④ ⓑ

**2.**

① 定做, 着
② 掉, 都

## 복습2

**1.**

① ⓐ
② ⓑ
③ ⓐ
④ ⓓ

**2.**

① jīdàn          ② bāngzhù
③ dǎkāi          ④ róngyì
⑤ gānjìng        ⑥ diànnǎo
⑦ jiàqian        ⑧ shēnghuó

**3.**

① 请把书打开。
② 他汉语说得不错。
③ 我是坐飞机来的。
④ 我学了一年汉语。

**4.**

① ⓒ
② ⓑ
③ ⓒ
④ ⓓ
⑤ ⓓ

MEMO

MEMO

중국어뱅크

중국어 포인트를 한번에 배우는

# 포인트
# 중국어 ❷

강금해 지음

## 워크북

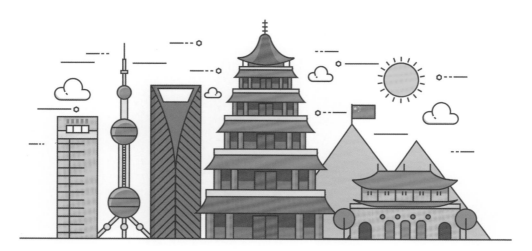

동양북스

중국어뱅크

중국어 포인트를 한번에 배우는

# 포인트
## 중국어 ❷

### 워크북

동양북스

Zhège xuéqī nǐ xuǎnle jǐ mén kè?

# 这个学期你选了几门课? 이번 학기에 몇 과목 신청했어?

**1.** 단어를 읽고 알맞은 한어병음을 써 봅시다.

① 学期 _____ ② 专业 _____

③ 写作 _____ ④ 阅读 _____

⑤ 零食 _____ ⑥ 优惠券 _____

⑦ 市内 _____ ⑧ 水果 _____

**2.** 주어진 단어를 알맞은 위치에 넣어 문장을 만들어 봅시다.

① (了) 我 ⓐ 下 ⓑ 课去 ⓒ 图书馆 ⓓ 看书。

② (能) 他 ⓐ 现在 ⓑ 说 ⓒ 汉语 ⓓ 了。

③ (了) 晚 ⓐ 饭 ⓑ 吃 ⓒ 完 ⓓ 吗?

④ (能) 他 ⓐ 住院了, ⓑ 不 ⓒ 来 ⓓ 上课了。

⑤ (一起) 他想 ⓐ 和我 ⓑ 去 ⓒ 超市 ⓓ 买东西。

**3.** 단어를 배열하여 문장을 완성해 봅시다.

① 我　课　了　选　六　门　。

▶ _____

② 书　看　想　我　去　图书馆　。

▶ _____

③ 你　我　一起　能　去　吗　和　？

▶ _____

④ 这儿　我　有　星巴克　优惠券　的　两张　。

▶ _____


**4.** 자신의 상황에 맞게 대화해 봅시다.

① 这个学期你选了几门课?

▶ _____

② 专业课一周有多少节?

▶ _____

③ 汉语课难吗?

▶ _____

④ 你吃了晚饭做什么?

▶ _____

**5.** 간체자를 써 봅시다.

| | | | | | | | |
|---|---|---|---|---|---|---|---|
| xuǎn<br>选 | xuǎn<br>选 | | | | | | |

选 选 选 选 选 选 选 选 选

| | | | | | | | |
|---|---|---|---|---|---|---|---|
| zhuān<br>专 | zhuān<br>专 | | | | | | |

专 专 专 专

| | | | | | | | |
|---|---|---|---|---|---|---|---|
| yè<br>业 | yè<br>业 | | | | | | |

业 业 业 业 业

| | | | | | | | |
|---|---|---|---|---|---|---|---|
| zhōu<br>周 | zhōu<br>周 | | | | | | |

周 周 周 周 周 周 周 周

| | | | | | | | |
|---|---|---|---|---|---|---|---|
| xiě<br>写 | xiě<br>写 | | | | | | |

写 写 写 写 写

| | | | | | | | |
|---|---|---|---|---|---|---|---|
| zuò<br>作 | zuò<br>作 | | | | | | |

作 作 作 作 作 作 作

| | | | | | | | |
|---|---|---|---|---|---|---|---|
| yuè<br>阅 | yuè<br>阅 | | | | | | |

阅 阅 阅 阅 阅 阅 阅 阅 阅 阅

| | | | | | | | |
|---|---|---|---|---|---|---|---|
| dú<br>读 | dú<br>读 | | | | | | |

读 读 读 读 读 读 读 读 读 读

| | | | | | | | |
|---|---|---|---|---|---|---|---|
| wǔ | wǔ | | | | | | 午午午午 |
| 午 | 午 | | | | | | |

| | | | | | | | |
|---|---|---|---|---|---|---|---|
| fàn | fàn | | | | | 饭饭饭饭饭饭饭 | |
| 饭 | 饭 | | | | | | |

| | | | | | | | |
|---|---|---|---|---|---|---|---|
| líng | líng | | | 零零零零零零零零零零零零零 | | | |
| 零 | 零 | | | | | | |

| | | | | | | | |
|---|---|---|---|---|---|---|---|
| shí | shí | | | | 食食食食食食食食食 | | |
| 食 | 食 | | | | | | |

| | | | | | | | |
|---|---|---|---|---|---|---|---|
| guǒ | guǒ | | | | 果果果果果果果果 | | |
| 果 | 果 | | | | | | |

| | | | | | | | |
|---|---|---|---|---|---|---|---|
| néng | néng | | | 能能能能能能能能能能 | | | |
| 能 | 能 | | | | | | |

| | | | | | | | |
|---|---|---|---|---|---|---|---|
| xiǎng | xiǎng | | 想想想想想想想想想想想 | | | | |
| 想 | 想 | | | | | | |

| | | | | | | | |
|---|---|---|---|---|---|---|---|
| hē | hē | | 喝喝喝喝喝喝喝喝喝喝喝 | | | | |
| 喝 | 喝 | | | | | | |

第二课

Nǐ zěnme xiànzài cái lái?

# 你怎么现在才来? 너 왜 이제야 와?

**1.** 단어를 읽고 알맞은 한어병음을 써 봅시다.

① 肚子

_____

② 疼

_____

③ 肠炎

_____

④ 感觉

_____

⑤ 运动会

_____

⑥ 参加

_____

⑦ 跑步

_____

⑧ 项目.

_____

**2.** 주어진 단어를 알맞은 위치에 넣어 문장을 만들어 봅시다.

① (就)　妈妈　ⓐ　早上　ⓑ　四点　ⓒ　起床　ⓓ　了。

② (才)　昨天　ⓐ　下午　ⓑ　老师　ⓒ　两点　ⓓ　吃午饭。

③ (才)　他　ⓐ　八点　ⓑ　半　ⓒ　来　ⓓ　上课。

④ (才)　昨天的作业太多了，我　ⓐ　做了　ⓑ　三个　ⓒ　小时　ⓓ　做完。

⑤ (就)　我　ⓐ　每天　ⓑ　九点　ⓒ　多　ⓓ　睡觉。

**3.** 단어를 배열하여 문장을 완성해 봅시다.

① 来　　怎么　　现在　　你　　才　　？

▸ _____

② 了　　肠炎　　我　　得　　。

▸ _____

③ 打　　给你　　床　　起　　我　　了　　就　　电话　　。

▸ _____

④ 跑完　　就　　我　　100米　　16秒　　了　　。

▸ _____

**4.** 자신의 상황에 맞게 대화해 봅시다.

① 你几点睡觉？（就，才）

▸ _____

② 你几点起床？（就，才）

▸ _____

③ 你100米跑多少秒？

▸ _____

④ 今天几点下课？

▸ _____

**5.** 간체자를 써 봅시다.

| dù | dù | | | | 肚 肚 肚 肚 肚 肚 肚 |
|:---:|:---:|---|---|---|---|
| 肚 | 肚 | | | | |

| jí | jí | | | | 急 急 急 急 急 急 急 急 急 |
|:---:|:---:|---|---|---|---|
| 急 | 急 | | | | |

| zhěn | zhěn | | | | 诊 诊 诊 诊 诊 诊 诊 |
|:---:|:---:|---|---|---|---|
| 诊 | 诊 | | | | |

| gǎn | gǎn | | | | 感 感 感 感 感 感 感 感 感 感 感 |
|:---:|:---:|---|---|---|---|
| 感 | 感 | | | | |

| jué | jué | | | | 觉 觉 觉 觉 觉 觉 觉 觉 觉 |
|:---:|:---:|---|---|---|---|
| 觉 | 觉 | | | | |

| téng | téng | | | | 疼 疼 疼 疼 疼 疼 疼 疼 疼 疼 |
|:---:|:---:|---|---|---|---|
| 疼 | 疼 | | | | |

| miǎo | miǎo | | | | 秒 秒 秒 秒 秒 秒 秒 秒 秒 |
|:---:|:---:|---|---|---|---|
| 秒 | 秒 | | | | |

| pǎo | pǎo | | | | 跑 跑 跑 跑 跑 跑 跑 跑 跑 跑 跑 跑 |
|:---:|:---:|---|---|---|---|
| 跑 | 跑 | | | | |

| yùn | yùn | | | | 运 运 运 运 运 运 运 |
| :-: | :-: | :-: | :-: | :-: | :-: |
| 运 | 运 | | | | |

| dòng | dòng | | | | 动 动 动 动 动 动 |
| :-: | :-: | :-: | :-: | :-: | :-: |
| 动 | 动 | | | | |

| huì | huì | | | | 会 会 会 会 会 会 |
| :-: | :-: | :-: | :-: | :-: | :-: |
| 会 | 会 | | | | |

| rán | rán | | | 然 然 然 然 然 然 然 然 然 然 然 然 |
| :-: | :-: | :-: | :-: | :-: |
| 然 | 然 | | | |

| cān | cān | | | 参 参 参 参 参 参 参 参 |
| :-: | :-: | :-: | :-: | :-: |
| 参 | 参 | | | |

| jiā | jiā | | | | 加 加 加 加 加 |
| :-: | :-: | :-: | :-: | :-: | :-: |
| 加 | 加 | | | | |

| xiàng | xiàng | | | 项 项 项 项 项 项 项 项 项 |
| :-: | :-: | :-: | :-: | :-: |
| 项 | 项 | | | |

| bàng | bàng | | 棒 棒 棒 棒 棒 棒 棒 棒 棒 棒 棒 棒 |
| :-: | :-: | :-: | :-: |
| 棒 | 棒 | | |

**第三课**

Wǒ zài zhǔnbèi kǎoshì ne.

# 我在准备考试呢。 나는 시험을 준비하고 있어.

**1.** 단어를 읽고 알맞은 한어병음을 써 봅시다.

① 考试

_____

② 最近

_____

③ 准备

_____

④ 复习

_____

⑤ 酒店

_____

⑥ 实习

_____

⑦ 请教

_____

⑧ 告诉

_____

**2.** 주어진 단어를 알맞은 위치에 넣어 문장을 만들어 봅시다.

① (正)　我　ⓐ　忙着　ⓑ　准备　ⓒ　考试　ⓓ　呢。

② (正)　她　ⓐ　最近　ⓑ　准备　ⓒ　去酒店　ⓓ　实习呢。

③ (呢)　昨天下午　ⓐ　孙老师正在　ⓑ　上　ⓒ　课　ⓓ　!

④ (在)　昨天晚上9点　ⓐ　你　ⓑ　做　ⓒ　什么　ⓓ　呢?

⑤ (在)　你　ⓐ　最近　ⓑ　忙　ⓒ　什么　ⓓ　呢?

**3.** 단어를 배열하여 문장을 완성해 봅시다.

① 准备　在　呢　考试　我　。

▶ _____

② 一个　请教　我　想　您　问题　。

▶ _____

③ 我　一家　酒店　实习　正　在　。

▶ _____

④ 在　什么　最近　呢　忙　？

▶ _____


**4.** 자신의 상황에 맞게 대화해 봅시다.

① 最近你在忙什么呢?

▶ _____

② 你最近在实习吗?

▶ _____

③ 老师在做什么?

▶ _____

④ 你最近好吗?

▶ _____

**5.** 간체자를 써 봅시다.

| | | | | | | |
|---|---|---|---|---|---|---|
| | | 准准准准准准准准准准 | | | | |
| zhǔn / zhǔn | | | | | | |
| 准 / 准 | | | | | | |
| | | 备备备备备备备备 | | | | |
| bèi / bèi | | | | | | |
| 备 / 备 | | | | | | |
| | | 考考考考考考 | | | | |
| kǎo / kǎo | | | | | | |
| 考 / 考 | | | | | | |
| | | 试试试试试试试试 | | | | |
| shì / shì | | | | | | |
| 试 / 试 | | | | | | |
| | | 最最最最最最最最最最最 | | | | |
| zuì / zuì | | | | | | |
| 最 / 最 | | | | | | |
| | | 近近近近近近近 | | | | |
| jìn / jìn | | | | | | |
| 近 / 近 | | | | | | |
| | | 复复复复复复复复复 | | | | |
| fù / fù | | | | | | |
| 复 / 复 | | | | | | |
| | | 酒酒酒酒酒酒酒酒酒酒 | | | | |
| jiǔ / jiǔ | | | | | | |
| 酒 / 酒 | | | | | | |

| | | | | | | 实 实 实 实 实 实 实 实 |
|---|---|---|---|---|---|---|
| shí | shí | | | | | |
| 实 | 实 | | | | | |

| | | | | | | 区 区 区 区 |
|---|---|---|---|---|---|---|
| qū | qū | | | | | |
| 区 | 区 | | | | | |

| | | | | | | 别 别 别 别 别 别 别 |
|---|---|---|---|---|---|---|
| bié | bié | | | | | |
| 别 | 别 | | | | | |

| | | | | | | 以 以 以 以 |
|---|---|---|---|---|---|---|
| yǐ | yǐ | | | | | |
| 以 | 以 | | | | | |

| | | | | | | 后 后 后 后 后 后 |
|---|---|---|---|---|---|---|
| hòu | hòu | | | | | |
| 后 | 后 | | | | | |

| | | | | | | 教 教 教 教 教 教 教 教 教 教 教 |
|---|---|---|---|---|---|---|
| jiào | jiào | | | | | |
| 教 | 教 | | | | | |

| | | | | | | 题 题 题 题 题 题 题 题 题 题 题 题 题 题 题 |
|---|---|---|---|---|---|---|
| tí | tí | | | | | |
| 题 | 题 | | | | | |

| | | | | | | 诉 诉 诉 诉 诉 诉 诉 |
|---|---|---|---|---|---|---|
| sù(su) | sù(su) | | | | | |
| 诉 | 诉 | | | | | |

Píngguǒ bǐ júzi tián.

# 苹果比橘子甜。 사과는 귤보다 달아.

**1.** 단어를 읽고 알맞은 한어병음을 써 봅시다.

① 年龄 

② 酸 

③ 年轻 

④ 姐妹 

⑤ 甜 

⑥ 消化 

⑦ 帮助 

⑧ 兄弟 

**2.** 주어진 단어를 알맞은 위치에 넣어 문장을 만들어 봅시다.

① (比)　　苹果　ⓐ　橘子　ⓑ　贵　ⓒ　一点儿　ⓓ　。

② (没有)　　ⓐ　橘子　ⓑ　苹果　ⓒ　甜　ⓓ　。

③ (大)　　ⓐ　我　ⓑ　没有　ⓒ　他　ⓓ　。

④ (小)　　我　ⓐ　弟弟　ⓑ　比我妹妹　ⓒ　两岁　ⓓ　。

⑤ (一点儿)　今天　ⓐ　比　ⓑ　昨天　ⓒ　好　ⓓ　了。

**3.** 단어를 배열하여 문장을 완성해 봅시다.

① 大　姐姐　我　三　岁　比　。

▶ _____

② 你　喜欢　水果　什么　那　吃　？

▶ _____

③ 块　那个　十　这个　贵　钱　比　。

▶ _____

④ 大　他们　年龄　有　多　？

▶ _____


**4.** 자신의 상황에 맞게 대화해 봅시다.

① 你喜欢吃什么水果?

▶ _____

② 橘子怎么样?

▶ _____

③ 香蕉比苹果贵吗?

▶ _____

④ 你有几个兄弟姐妹? 他们有多大年龄?

▶ _____

**5.** 간체자를 써 봅시다.

| | | | | |
|---|---|---|---|---|
| tián | tián | | | |
| 甜 | 甜 | | | |

甜 甜 甜 甜 甜 甜 甜 甜 甜 甜

| | | | | |
|---|---|---|---|---|
| xǐ | xǐ | | | |
| 喜 | 喜 | | | |

喜 喜 喜 喜 喜 喜 喜 喜 喜 喜 喜 喜

| | | | | |
|---|---|---|---|---|
| huān(huan) | huān(huan) | | | |
| 欢 | 欢 | | | |

欢 欢 欢 欢 欢 欢

| | | | | |
|---|---|---|---|---|
| suān | suān | | | |
| 酸 | 酸 | | | |

酸 酸 酸 酸 酸 酸 酸 酸 酸 酸 酸 酸 酸 酸

| | | | | |
|---|---|---|---|---|
| dài | dài | | | |
| 带 | 带 | | | |

带 带 带 带 带 带 带 带 带

| | | | | |
|---|---|---|---|---|
| bāng | bāng | | | |
| 帮 | 帮 | | | |

帮 帮 帮 帮 帮 帮 帮 帮 帮

| | | | | |
|---|---|---|---|---|
| zhù | zhù | | | |
| 助 | 助 | | | |

助 助 助 助 助 助 助

| | | | | |
|---|---|---|---|---|
| suì | suì | | | |
| 岁 | 岁 | | | |

岁 岁 岁 岁 岁 岁

| xiōng | xiōng | | | | | | | 兄兄兄兄兄 |
|---|---|---|---|---|---|---|---|---|
| 兄 | 兄 | | | | | | | |

| dì | dì | | | | | | 弟弟弟弟弟弟弟 |
|---|---|---|---|---|---|---|---|
| 弟 | 弟 | | | | | | |

| jiě | jiě | | | | | 姐姐姐姐姐姐姐姐 |
|---|---|---|---|---|---|---|
| 姐 | 姐 | | | | | |

| mèi | mèi | | | | | 妹妹妹妹妹妹妹妹 |
|---|---|---|---|---|---|---|
| 妹 | 妹 | | | | | |

| nián | nián | | | | | 年年年年年年 |
|---|---|---|---|---|---|---|
| 年 | 年 | | | | | |

| zhēn | zhēn | | | | 真真真真真真真真真 |
|---|---|---|---|---|---|
| 真 | 真 | | | | |

| qīng | qīng | | | | 轻轻轻轻轻轻轻轻轻 |
|---|---|---|---|---|---|
| 轻 | 轻 | | | | |

| dú | dú | | | | 独独独独独独独独独 |
|---|---|---|---|---|---|
| 独 | 独 | | | | |

Kǎo de hǎo ma?

# 考得好吗? 시험 잘 봤어?

**1.** 단어를 읽고 알맞은 한어병음을 써 봅시다.

① 考

_____

② 身体

_____

③ 舒服

_____

④ 注意

_____

⑤ 首先

_____

⑥ 暖和

_____

⑦ 应该

_____

⑧ 练习

_____

**2.** 주어진 단어를 알맞은 위치에 넣어 문장을 만들어 봅시다.

① (得)　金真的　ⓐ　汉语　ⓑ　说　ⓒ　很好　ⓓ　。

② (写)　他　ⓐ　汉字　ⓑ　得　ⓒ　很好　ⓓ　。

③ (说)　她　ⓐ　英语　ⓑ　说得　ⓒ　不错　ⓓ　。

④ (做)　做饭　ⓐ　得　ⓑ　很　ⓒ　好　ⓓ　吃。

⑤ (跳)　他　ⓐ　舞　ⓑ　跳得　ⓒ　很　ⓓ　好。

**3.** 단어를 배열하여 문장을 완성해 봅시다.

① 了　得　汉语　的　已经　你　说　很好　。
▶ _____

② 好好儿　没　准备　。
▶ _____

③ 暖和　得　应该　你　穿　些　。
▶ _____

④ 得　写　汉字　好看　他　很　写　。
▶ _____

**4.** 자신의 상황에 맞게 대화해 봅시다.

① 你考试了吗?
▶ _____

② 最近你身体怎么样?
▶ _____

③ 这个周末你有时间吗?
▶ _____

④ 怎样能写好汉字?
▶ _____

**5.** 간체자를 써 봅시다.

舒 舒 舒 舒 舒 舒 舒 舒 舒 舒 舒 舒

| shū | shū | | | | | | |
|-----|-----|---|---|---|---|---|---|
| 舒 | 舒 | | | | | | |

服 服 服 服 服 服 服 服

| fú(fu) | fú(fu) | | | | | | |
|--------|--------|---|---|---|---|---|---|
| 服 | 服 | | | | | | |

过 过 过 过 过 过

| guò | guò | | | | | | |
|-----|-----|---|---|---|---|---|---|
| 过 | 过 | | | | | | |

首 首 首 首 首 首 首 首 首

| shǒu | shǒu | | | | | | |
|------|------|---|---|---|---|---|---|
| 首 | 首 | | | | | | |

注 注 注 注 注 注 注 注

| zhù | zhù | | | | | | |
|-----|-----|---|---|---|---|---|---|
| 注 | 注 | | | | | | |

意 意 意 意 意 意 意 意 意 意 意

| yì | yì | | | | | | |
|----|----|---|---|---|---|---|---|
| 意 | 意 | | | | | | |

身 身 身 身 身 身 身

| shēn | shēn | | | | | | |
|------|------|---|---|---|---|---|---|
| 身 | 身 | | | | | | |

体 体 体 体 体 体 体

| tǐ | tǐ | | | | | | |
|----|----|---|---|---|---|---|---|
| 体 | 体 | | | | | | |

| yīng | yīng | | | | | | 应 应 应 应 应 应 应 |
|---|---|---|---|---|---|---|---|
| 应 | 应 | | | | | | |

| gāi | gāi | | | | | | 该 该 该 该 该 该 该 该 |
|---|---|---|---|---|---|---|---|
| 该 | 该 | | | | | | |

| chuān | chuān | | | | | | 穿 穿 穿 穿 穿 穿 穿 穿 穿 |
|---|---|---|---|---|---|---|---|
| 穿 | 穿 | | | | | | |

| nuǎn | nuǎn | | | | | | 暖 暖 暖 暖 暖 暖 暖 暖 暖 暖 暖 暖 暖 |
|---|---|---|---|---|---|---|---|
| 暖 | 暖 | | | | | | |

| huò(huo) | huò(huo) | | | | | | 和 和 和 和 和 和 和 和 |
|---|---|---|---|---|---|---|---|
| 和 | 和 | | | | | | |

| shuō | shuō | | | | | | 说 说 说 说 说 说 说 说 说 |
|---|---|---|---|---|---|---|---|
| 说 | 说 | | | | | | |

| dàn | dàn | | | | | | 但 但 但 但 但 但 但 |
|---|---|---|---|---|---|---|---|
| 但 | 但 | | | | | | |

| liàn | liàn | | | | | | 练 练 练 练 练 练 练 练 |
|---|---|---|---|---|---|---|---|
| 练 | 练 | | | | | | |

第六课

Wǒ shì yí ge rén qù de.

# 我是一个人去的。 나 혼자 갔어.

**1.** 단어를 읽고 알맞은 한어병음을 써 봅시다.

① 暑假

_____

② 放假

_____

③ 火车

_____

④ 眼镜

_____

⑤ 近视

_____

⑥ 拍

_____

⑦ 效果

_____

⑧ 风景

_____

**2.** 주어진 단어를 알맞은 위치에 넣어 문장을 만들어 봅시다.

① (是)    ⓐ 你 ⓑ 跟谁 ⓒ 一起 ⓓ 去的?

② (是)    他 ⓐ 坐 ⓑ 火车 ⓒ 来 ⓓ 的。

③ (比)    现在 ⓐ 看东西 ⓑ 以前 ⓒ 清楚 ⓓ 多了。

④ (一)    ⓐ 我 ⓑ 下课 ⓒ 就去 ⓓ 市内。

⑤ (就)    一 ⓐ 回家 ⓑ 看 ⓒ 电视 ⓓ 。

**3.** 단어를 배열하여 문장을 완성해 봅시다.

① 眼镜　戴　了　怎么　你　不　？

▶ _____

② 去　是　我　一个人　的　。

▶ _____

③ 治　在　是　哪儿　的　你　？

▶ _____

④ 那里　就　一　去　我　看看　放假　。

▶ _____

**4.** 자신의 상황에 맞게 대화해 봅시다.

① 你是怎么来学校的?

▶ _____

② 你是什么时候来学校的?

▶ _____

③ 你是在哪儿学的汉语?

▶ _____

④ 你是跟谁一起去吃的饭?

▶ _____

**5.** 간체자를 써 봅시다.

| | | | | | | |
|---|---|---|---|---|---|---|
| shǔ<br>暑 | shǔ<br>暑 | | | | | |

暑 暑 暑 暑 暑 暑 暑 暑 暑 暑 暑 暑

| | | | | | | |
|---|---|---|---|---|---|---|
| jià<br>假 | jià<br>假 | | | | | |

假 假 假 假 假 假 假 假 假 假 假

| | | | | | | |
|---|---|---|---|---|---|---|
| lǚ<br>旅 | lǚ<br>旅 | | | | | |

旅 旅 旅 旅 旅 旅 旅 旅 旅 旅

| | | | | | | |
|---|---|---|---|---|---|---|
| yóu<br>游 | yóu<br>游 | | | | | |

游 游 游 游 游 游 游 游 游 游 游 游

| | | | | | | |
|---|---|---|---|---|---|---|
| gēn<br>跟 | gēn<br>跟 | | | | | |

跟 跟 跟 跟 跟 跟 跟 跟 跟 跟 跟 跟 跟

| | | | | | | |
|---|---|---|---|---|---|---|
| jué<br>觉 | jué<br>觉 | | | | | |

觉 觉 觉 觉 觉 觉 觉 觉 觉

| | | | | | | |
|---|---|---|---|---|---|---|
| jǐng<br>景 | jǐng<br>景 | | | | | |

景 景 景 景 景 景 景 景 景 景 景 景

| | | | | | | |
|---|---|---|---|---|---|---|
| pāi<br>拍 | pāi<br>拍 | | | | | |

拍 拍 拍 拍 拍 拍 拍 拍

| | | 照 照 照 照 照 照 照 照 照 照 照 照 照 |
|---|---|---|
| zhào<br>照 | zhào<br>照 | |

| | | 戴 戴 戴 戴 戴 戴 戴 戴 戴 戴 戴 戴 戴 戴 戴 戴 戴 |
|---|---|---|
| dài<br>戴 | dài<br>戴 | |

| | | 镜 镜 镜 镜 镜 镜 镜 镜 镜 镜 镜 镜 镜 镜 镜 镜 |
|---|---|---|
| jìng<br>镜 | jìng<br>镜 | |

| | | 近 近 近 近 近 近 近 |
|---|---|---|
| jìn<br>近 | jìn<br>近 | |

| | | 视 视 视 视 视 视 视 视 |
|---|---|---|
| shì<br>视 | shì<br>视 | |

| | | 治 治 治 治 治 治 治 治 |
|---|---|---|
| zhì<br>治 | zhì<br>治 | |

| | | 效 效 效 效 效 效 效 效 效 效 |
|---|---|---|
| xiào<br>效 | xiào<br>效 | |

| | | 楚 楚 楚 楚 楚 楚 楚 楚 楚 楚 楚 楚 楚 |
|---|---|---|
| chǔ(chu)<br>楚 | chǔ(chu)<br>楚 | |

Nǐ xué Hànyǔ xuéle duōcháng shíjiān le?

# 你学汉语学了多长时间了？ 중국어를 얼마나 배웠어요?

**1.** 단어를 읽고 알맞은 한어병음을 써 봅시다.

① 开始

_____

② 年级

_____

③ 当然

_____

④ 生活

_____

⑤ 文化

_____

⑥ 辅导

_____

⑦ 懂

_____

⑧ 表演

_____

**2.** 주어진 단어를 알맞은 위치에 넣어 문장을 만들어 봅시다.

① **(了)** 他 ⓐ 去 ⓑ 一年 ⓒ 多了 ⓓ 。

② **(对)** ⓐ 汉语 ⓑ 我的 ⓒ 生活 ⓓ 有帮助。

③ **(了)** 我 ⓐ 学 ⓑ 汉语 ⓒ 学 ⓓ 三年了。

④ **(一边)** ⓐ 听 ⓑ 音乐一边写 ⓒ 作业 ⓓ 。

⑤ **(就)** 我一来 ⓐ 中国 ⓑ 开始 ⓒ 学习 ⓓ 汉语了。

**3.** 단어를 배열하여 문장을 완성해 봅시다.

① 了　睡　一个　了　小时　多　。

▶ _____

② 今天　得　表演　你　怎么样　看　?

▶ _____

③ 我　感兴趣　很　对　文化　中国　。

▶ _____

④ 今天　有　表演　文化　传统　一个　下午　。

▶ _____


**4.** 자신의 상황에 맞게 대화해 봅시다.

① 你学汉语学了多长时间了?

▶ _____

② 你每天睡几个小时?

▶ _____

③ 汉语对你的生活有帮助吗?

▶ _____

④ 你对中国文化感兴趣吗?

▶ _____

**5.** 간체자를 써 봅시다.

| | | | | | | 边 边 边 边 边 |
|---|---|---|---|---|---|---|
| biān | biān | | | | | |
| 边 | 边 | | | | | |

| | | | | | 级 级 级 级 级 级 |
|---|---|---|---|---|---|
| jí | jí | | | | |
| 级 | 级 | | | | |

| | | 辅 辅 辅 辅 辅 辅 辅 辅 辅 辅 |
|---|---|---|
| fǔ | fǔ | |
| 辅 | 辅 | |

| | | 导 导 导 导 导 导 |
|---|---|---|
| dǎo | dǎo | |
| 导 | 导 | |

| | | 传 传 传 传 传 传 |
|---|---|---|
| chuán | chuán | |
| 传 | 传 | |

| | | 统 统 统 统 统 统 统 统 统 |
|---|---|---|
| tǒng | tǒng | |
| 统 | 统 | |

| | | 表 表 表 表 表 表 表 表 |
|---|---|---|
| biǎo | biǎo | |
| 表 | 表 | |

| | | 演 演 演 演 演 演 演 演 演 演 演 演 演 演 |
|---|---|---|
| yǎn | yǎn | |
| 演 | 演 | |

| gǎn | gǎn | 感 感 感 感 感 感 感 感 感 感 感 感 感 |  |  |  |  |  |  |  |  |  |
|---|---|---|---|---|---|---|---|---|---|---|---|---|
| 感 | 感 |  |  |  |  |  |  |  |  |  |  |  |

| qù | qù | 趣 趣 趣 趣 趣 趣 趣 趣 趣 趣 趣 趣 趣 趣 |  |  |  |  |  |  |  |  |  |
|---|---|---|---|---|---|---|---|---|---|---|---|---|
| 趣 | 趣 |  |  |  |  |  |  |  |  |  |  |  |

| rán | rán | 然 然 然 然 然 然 然 然 然 然 然 然 |  |  |  |  |  |  |  |  |  |
|---|---|---|---|---|---|---|---|---|---|---|---|---|
| 然 | 然 |  |  |  |  |  |  |  |  |  |  |  |

| děng | děng | 等 等 等 等 等 等 等 等 等 等 等 等 |  |  |  |  |  |  |  |  |  |
|---|---|---|---|---|---|---|---|---|---|---|---|---|
| 等 | 等 |  |  |  |  |  |  |  |  |  |  |  |

| róng | róng | 容 容 容 容 容 容 容 容 容 容 |  |  |  |  |  |  |  |  |  |
|---|---|---|---|---|---|---|---|---|---|---|---|---|
| 容 | 容 |  |  |  |  |  |  |  |  |  |  |  |

| yì | yì | 易 易 易 易 易 易 易 易 |  |  |  |  |  |  |  |  |  |
|---|---|---|---|---|---|---|---|---|---|---|---|---|
| 易 | 易 |  |  |  |  |  |  |  |  |  |  |  |

| dǒng | dǒng | 懂 懂 懂 懂 懂 懂 懂 懂 懂 懂 懂 懂 懂 懂 |  |  |  |  |  |  |  |  |  |
|---|---|---|---|---|---|---|---|---|---|---|---|---|
| 懂 | 懂 |  |  |  |  |  |  |  |  |  |  |  |

| duì | duì | 对 对 对 对 对 |  |  |  |  |  |  |  |  |  |
|---|---|---|---|---|---|---|---|---|---|---|---|---|
| 对 | 对 |  |  |  |  |  |  |  |  |  |  |  |

第八课

Qǐng dàjiā bǎ shū dǎkāi.

# 请大家把书打开。 모두 책을 펼치세요.

**1.** 단어를 읽고 알맞은 한어병음을 써 봅시다.

① 洗

_____

② 同屋

_____

③ 鸡蛋

_____

④ 干净

_____

⑤ 筷子

_____

⑥ 搅拌

_____

⑦ 碗

_____

⑧ 锅

_____

**2.** 주어진 단어를 알맞은 위치에 넣어 문장을 만들어 봅시다.

① (把) ⓐ 请 ⓑ 你 ⓒ 书 ⓓ 打开。

② (把) ⓐ 请 ⓑ 衣服 ⓒ 放在 ⓓ 外边。

③ (了) 洗 ⓐ 衣服 ⓑ 再看 ⓒ 电视 ⓓ 。

④ (了) 买 ⓐ 票 ⓑ 以后 ⓒ 再 ⓓ 上车。

⑤ (再) 吃 ⓐ 了 ⓑ 饭 ⓒ 睡觉 ⓓ 。

**3.** 단어를 배열하여 문장을 완성해 봅시다.

① 打开　把　大家　请　书　。
▶ _____

② 学习　了　我们　第七课　先　复习　再　第八课　。
▶ _____

③ 盐　忘　放　了　别　和　糖　。
▶ _____

④ 洗　干净　先　把　西红柿　。
▶ _____


**4.** 자신의 상황에 맞게 대화해 봅시다.

① 做完作业了吗?　(把)
▶ _____

② 回家你先做什么?　(把)
▶ _____

③ 回家你先写作业吗?　(……了……再……)
▶ _____

④ 今天你学习第八课吗?　(……了……再……)
▶ _____

**5.** 간체자를 써 봅시다.

把 把 把 把 把 把 把

| bǎ | bǎ | | | | | | |
|----|----|----|----|----|----|----|----|
| 把 | 把 | | | | | | |

屋 屋 屋 屋 屋 屋 屋 屋 屋

| wū | wū | | | | | | |
|----|----|----|----|----|----|----|----|
| 屋 | 屋 | | | | | | |

刚 刚 刚 刚 刚 刚

| gāng | gāng | | | | | | |
|------|------|----|----|----|----|----|----|
| 刚 | 刚 | | | | | | |

送 送 送 送 送 送 送 送 送

| sòng | sòng | | | | | | |
|------|------|----|----|----|----|----|----|
| 送 | 送 | | | | | | |

洗 洗 洗 洗 洗 洗 洗 洗 洗

| xǐ | xǐ | | | | | | |
|----|----|----|----|----|----|----|----|
| 洗 | 洗 | | | | | | |

净 净 净 净 净 净 净 净

| jìng | jìng | | | | | | |
|------|------|----|----|----|----|----|----|
| 净 | 净 | | | | | | |

炒 炒 炒 炒 炒 炒 炒 炒

| chǎo | chǎo | | | | | | |
|------|------|----|----|----|----|----|----|
| 炒 | 炒 | | | | | | |

鸡 鸡 鸡 鸡 鸡 鸡 鸡

| jī | jī | | | | | | |
|----|----|----|----|----|----|----|----|
| 鸡 | 鸡 | | | | | | |

| dàn | dàn | | | | 蛋蛋蛋蛋蛋蛋蛋蛋蛋蛋蛋 |
|-----|-----|--|--|--|--|
| 蛋 | 蛋 | | | | |

| qiē | qiē | | | | 切切切切 |
|-----|-----|--|--|--|--|
| 切 | 切 | | | | |

| wǎn | wǎn | | | | 碗碗碗碗碗碗碗碗碗碗碗碗碗 |
|-----|-----|--|--|--|--|
| 碗 | 碗 | | | | |

| kuài | kuài | | | | 筷筷筷筷筷筷筷筷筷筷筷筷筷 |
|------|------|--|--|--|--|
| 筷 | 筷 | | | | |

| jiǎo | jiǎo | | | | 搅搅搅搅搅搅搅搅搅搅搅 |
|------|------|--|--|--|--|
| 搅 | 搅 | | | | |

| bàn | bàn | | | | 拌拌拌拌拌拌拌拌 |
|-----|-----|--|--|--|--|
| 拌 | 拌 | | | | |

| guō | guō | | | | 锅锅锅锅锅锅锅锅锅锅锅锅 |
|-----|-----|--|--|--|--|
| 锅 | 锅 | | | | |

| táng | táng | | | | 糖糖糖糖糖糖糖糖糖糖糖糖糖糖 |
|------|------|--|--|--|--|
| 糖 | 糖 | | | | |

第九课

Tā huí sùshè qu le.

# 她回宿舍去了。 그녀는 기숙사로 돌아갔어.

**1.** 단어를 읽고 알맞은 한어병음을 써 봅시다.

① 快递

_____

② 寄

_____

③ 取

_____

④ 没事

_____

⑤ 好象

_____

⑥ 麻烦

_____

⑦ 转告

_____

⑧ 替

_____

**2.** 주어진 단어를 알맞은 위치에 넣어 문장을 만들어 봅시다.

① (宿舍) 她 ⓐ 已经 ⓑ 回 ⓒ 去 ⓓ 了。

② (来) 朋友 ⓐ 给我 ⓑ 送 ⓒ 了一件 ⓓ 礼物。

③ (进) 现在请 ⓐ 不要 ⓑ 教室 ⓒ 里 ⓓ 去。

④ (去) 学生们 ⓐ 回 ⓑ 教室 ⓒ 了 ⓓ 吗?

⑤ (给) ⓐ 他不想 ⓑ 我 ⓒ 介绍 ⓓ 他的朋友。

**3.** 단어를 배열하여 문장을 완성해 봅시다.

① 她　了　宿舍　去　回　。

▶ _____

② 给　送　我　吧　她　过去　。

▶ _____

③ 我　来　她　刚　从　宿舍　。

▶ _____

④ 你　她　麻烦　转告　一声　。

▶ _____


**4.** 자신의 상황에 맞게 대화해 봅시다.

① 昨天下了课，你回宿舍去了吗?

▶ _____

② 你什么时候回家去?

▶ _____

③ 你早上几点从宿舍出来?

▶ _____

④ 你回家去先做什么?

▶ _____

**5.** 간체자를 써 봅시다.

| jìn | jìn | | | | | | | | 进 进 进 进 进 进 进 |
|---|---|---|---|---|---|---|---|---|---|
| **进** | 进 | | | | | | | | |

| shì | shì | | | | | | 室 室 室 室 室 室 室 室 室 |
|---|---|---|---|---|---|---|---|
| **室** | 室 | | | | | | |

| kuài | kuài | | | | | | 快 快 快 快 快 快 快 |
|---|---|---|---|---|---|---|---|
| **快** | 快 | | | | | | |

| dì | dì | | | | | 递 递 递 递 递 递 递 递 递 |
|---|---|---|---|---|---|---|
| **递** | 递 | | | | | |

| jì | jì | | | | 寄 寄 寄 寄 寄 寄 寄 寄 寄 寄 寄 |
|---|---|---|---|---|---|
| **寄** | 寄 | | | | |

| xiàng | xiàng | | | 像 像 像 像 像 像 像 像 像 像 |
|---|---|---|---|---|
| **像** | 像 | | | |

| má | má | | | 麻 麻 麻 麻 麻 麻 麻 麻 麻 麻 麻 |
|---|---|---|---|---|
| **麻** | 麻 | | | |

| fán(fan) | fán(fan) | | 烦 烦 烦 烦 烦 烦 烦 烦 烦 烦 |
|---|---|---|---|
| **烦** | 烦 | | |

| tì | tì | | | | | | 替 替 替 替 替 替 替 替 替 替 替 替 |
|---|---|---|---|---|---|---|---|
| 替 | 替 | | | | | | |

| qǔ | qǔ | | | | | | 取 取 取 取 取 取 取 取 |
|---|---|---|---|---|---|---|---|
| 取 | 取 | | | | | | |

| zhuǎn | zhuǎn | | | | | | 转 转 转 转 转 转 转 转 |
|---|---|---|---|---|---|---|---|
| 转 | 转 | | | | | | |

| gào | gào | | | | | | 告 告 告 告 告 告 告 |
|---|---|---|---|---|---|---|---|
| 告 | 告 | | | | | | |

| shēng | shēng | | | | | | 声 声 声 声 声 声 声 |
|---|---|---|---|---|---|---|---|
| 声 | 声 | | | | | | |

| shì | shì | | | | | | 事 事 事 事 事 事 事 事 |
|---|---|---|---|---|---|---|---|
| 事 | 事 | | | | | | |

| gěi | gěi | | | | | | 给 给 给 给 给 给 给 给 给 |
|---|---|---|---|---|---|---|---|
| 给 | 给 | | | | | | |

| ná | ná | | | | | | 拿 拿 拿 拿 拿 拿 拿 拿 拿 拿 |
|---|---|---|---|---|---|---|---|
| 拿 | 拿 | | | | | | |

**Nǐ kàn de dǒng ma?**

# 你看得懂吗? 보고 이해할 수 있어?

**1.** 단어를 읽고 알맞은 한어병음을 써 봅시다.

① 中文

_____

② 电影

_____

③ 电脑

_____

④ 种类

_____

⑤ 价钱

_____

⑥ 比较

_____

⑦ 这么

_____

⑧ 照相机

_____

**2.** 주어진 단어를 알맞은 위치에 넣어 문장을 만들어 봅시다.

① (不)  我 ⓐ 听 ⓑ 懂 ⓒ 他们 ⓓ 在说什么。

② (拍)  我 ⓐ 觉得 ⓑ 电影 ⓒ 得 ⓓ 很好。

③ (去)  今晚 ⓐ 我 ⓑ 请 ⓒ 你 ⓓ 看电影吧。

④ (也)  ⓐ 价钱 ⓑ 比较 ⓒ 便宜 ⓓ 。

⑤ (就)  那 ⓐ 我们 ⓑ 现在 ⓒ 去 ⓓ 吧。

**3.** 단어를 배열하여 문장을 완성해 봅시다.

① 吧　去　我　电子城　带　买　你　。

▶ _____

② 会　不但　他　说中文　会　而且　还　说日语　，　。

▶ _____

③ 的　黑板　我　字　看　不　清楚　上　。

▶ _____

④ 地方　有的　得　看　懂　有的　不　懂　看　地方　，　。

▶ _____


**4.** 자신의 상황에 맞게 대화해 봅시다.

① 你喜欢看电影吗?

▶ _____

② 你看得懂中文电影吗?

▶ _____

③ 你是去电影院看电影吗?

▶ _____

④ 你觉得你的同桌汉语说得怎么样?

▶ _____

**5.** 간체자를 써 봅시다.

| | | 影 影 影 影 影 影 影 影 影 影 影 影 影 影 影 | | | | | | | |
|---|---|---|---|---|---|---|---|---|---|---|
| yǐng | yǐng | | | | | | | | | |
| 影 | 影 | | | | | | | | | |

| | | 院 院 院 院 院 院 院 院 院 | | | | | | | | |
|---|---|---|---|---|---|---|---|---|---|---|
| yuàn | yuàn | | | | | | | | | |
| 院 | 院 | | | | | | | | | |

| | | 脑 脑 脑 脑 脑 脑 脑 脑 脑 脑 | | | | | | | | |
|---|---|---|---|---|---|---|---|---|---|---|
| nǎo | nǎo | | | | | | | | | |
| 脑 | 脑 | | | | | | | | | |

| | | 其 其 其 其 其 其 其 其 | | | | | | | | |
|---|---|---|---|---|---|---|---|---|---|---|
| qí | qí | | | | | | | | | |
| 其 | 其 | | | | | | | | | |

| | | 而 而 而 而 而 而 | | | | | | | | |
|---|---|---|---|---|---|---|---|---|---|---|
| ér | ér | | | | | | | | | |
| 而 | 而 | | | | | | | | | |

| | | 且 且 且 且 且 | | | | | | | | |
|---|---|---|---|---|---|---|---|---|---|---|
| qiě | qiě | | | | | | | | | |
| 且 | 且 | | | | | | | | | |

| | | 种 种 种 种 种 种 种 种 种 | | | | | | | | |
|---|---|---|---|---|---|---|---|---|---|---|
| zhǒng | zhǒng | | | | | | | | | |
| 种 | 种 | | | | | | | | | |

| | | 类 类 类 类 类 类 类 类 类 | | | | | | | | |
|---|---|---|---|---|---|---|---|---|---|---|
| lèi | lèi | | | | | | | | | |
| 类 | 类 | | | | | | | | | |

| jià | jià | | | | 价 价 价 价 价 价 |
|---|---|---|---|---|---|
| 价 | 价 | | | | |

| qián(qian) | qián(qian) | | | 钱 钱 钱 钱 钱 钱 钱 钱 钱 钱 |
|---|---|---|---|---|
| 钱 | 钱 | | | |

| jiào | jiào | | | 较 较 较 较 较 较 较 较 较 较 |
|---|---|---|---|---|
| 较 | 较 | | | |

| chéng | chéng | | | 城 城 城 城 城 城 城 城 城 |
|---|---|---|---|---|
| 城 | 城 | | | |

| mài | mài | | | 卖 卖 卖 卖 卖 卖 卖 卖 |
|---|---|---|---|---|
| 卖 | 卖 | | | |

| zhào | zhào | | | 照 照 照 照 照 照 照 照 照 照 照 照 照 |
|---|---|---|---|---|
| 照 | 照 | | | |

| xiàng | xiàng | | | 相 相 相 相 相 相 相 相 相 |
|---|---|---|---|---|
| 相 | 相 | | | |

| jī | jī | | | 机 机 机 机 机 机 |
|---|---|---|---|---|
| 机 | 机 | | | |

第十一课

# 你最近怎么越来越瘦了？

너 요즘 왜 갈수록 야위어 가?

**1.** 단어를 읽고 알맞은 한어병음을 써 봅시다.

① 瘦

_____

② 热

_____

③ 胃口

_____

④ 讨厌

_____

⑤ 脸

_____

⑥ 肿

_____

⑦ 挤

_____

⑧ 涂

_____

**2.** 주어진 단어를 알맞은 위치에 넣어 문장을 만들어 봅시다.

① (越来越)  ⓐ 现在 ⓑ 天气 ⓒ 冷 ⓓ 了。

② (越来越)  他 ⓐ 汉语 ⓑ 说得 ⓒ 流利 ⓓ 了。

③ (会)  不 ⓐ 挤 ⓑ 就 ⓒ 慢慢消 ⓓ 的。

④ (就)  ⓐ 你 ⓑ 一 ⓒ 挤 ⓓ 发炎了。

⑤ (怎么)  你最近 ⓐ 越来越 ⓑ 瘦 ⓒ 了 ⓓ ？

**3.** 단어를 배열하여 문장을 완성해 봅시다.

① 吧　那　电蚊香　你　试试　。

▶ _____

② 又　包　我　脸上　的　又　肿　红　。

▶ _____

③ 胃口　越来越　了　没有　。

▶ _____

④ 我　想　不　把　它　好看　挤掉　觉得　，。

▶ _____


**4.** 자신의 상황에 맞게 대화해 봅시다.

① 你汉语说得越来越好了，你是怎么练习的？

▶ _____

② 我看你最近越来越忙了，你都做什么？

▶ _____

③ 你的男朋友(/女朋友)怎么样？（又……又……）

▶ _____

④ 最近天气怎么样？（越来越）

▶ _____

**5.** 간체자를 써 봅시다.

| | | 越 越 越 越 越 越 越 越 越 越 越 越 | | | | | | |
|---|---|---|---|---|---|---|---|---|
| yuè | yuè | | | | | | | |
| 越 | 越 | | | | | | | |

| | | 瘦 瘦 瘦 瘦 瘦 瘦 瘦 瘦 瘦 瘦 瘦 瘦 瘦 | | | | | | |
|---|---|---|---|---|---|---|---|---|
| shòu | shòu | | | | | | | |
| 瘦 | 瘦 | | | | | | | |

| | | 热 热 热 热 热 热 热 热 热 热 | | | | | | |
|---|---|---|---|---|---|---|---|---|
| rè | rè | | | | | | | |
| 热 | 热 | | | | | | | |

| | | 胃 胃 胃 胃 胃 胃 胃 胃 胃 | | | | | | |
|---|---|---|---|---|---|---|---|---|
| wèi | wèi | | | | | | | |
| 胃 | 胃 | | | | | | | |

| | | 讨 讨 讨 讨 讨 | | | | | | |
|---|---|---|---|---|---|---|---|---|
| tǎo | tǎo | | | | | | | |
| 讨 | 讨 | | | | | | | |

| | | 厌 厌 厌 厌 厌 厌 | | | | | | |
|---|---|---|---|---|---|---|---|---|
| yàn | yàn | | | | | | | |
| 厌 | 厌 | | | | | | | |

| | | 夏 夏 夏 夏 夏 夏 夏 夏 夏 夏 | | | | | | |
|---|---|---|---|---|---|---|---|---|
| xià | xià | | | | | | | |
| 夏 | 夏 | | | | | | | |

| | | 点 点 点 点 点 点 点 点 点 | | | | | | |
|---|---|---|---|---|---|---|---|---|
| diǎn | diǎn | | | | | | | |
| 点 | 点 | | | | | | | |

| wén | wén | | | | | 蚊 蚊 蚊 蚊 蚊 蚊 蚊 蚊 蚊 蚊 | |
|-----|-----|---|---|---|---|---|---|
| 蚊 | 蚊 | | | | | | |

| xiāng | xiāng | | | | | 香 香 香 香 香 香 香 香 香 | |
|-----|-----|---|---|---|---|---|---|
| 香 | 香 | | | | | | |

| wèi | wèi | | | | | 味 味 味 味 味 吽 味 味 | |
|-----|-----|---|---|---|---|---|---|
| 味 | 味 | | | | | | |

| liǎn | liǎn | | | | | 脸 脸 脸 脸 脸 脸 脸 脸 脸 脸 脸 | |
|-----|-----|---|---|---|---|---|---|
| 脸 | 脸 | | | | | | |

| tú | tú | | | | | 涂 涂 涂 涂 涂 涂 涂 泠 涂 涂 | |
|-----|-----|---|---|---|---|---|---|
| 涂 | 涂 | | | | | | |

| hóng | hóng | | | | | 红 红 红 红 红 红 | |
|-----|-----|---|---|---|---|---|---|
| 红 | 红 | | | | | | |

| zhǒng | zhǒng | | | | | 肿 肿 肿 肿 肿 肿 肿 肿 | |
|-----|-----|---|---|---|---|---|---|
| 肿 | 肿 | | | | | | |

| jǐ | jǐ | | | | | 挤 挤 挤 挤 挤 挤 挤 挤 | |
|-----|-----|---|---|---|---|---|---|
| 挤 | 挤 | | | | | | |

第十二课

Nǐ bǎ yǐnliào mǎi huílai le ma?

# 你把饮料买回来了吗？ 너 음료수를 사 왔어?

**1.** 단어를 읽고 알맞은 한어병음을 써 봅시다.

① 挺 _____

② 定做 _____

③ 瓶 _____

④ 饮料 _____

⑤ 操场 _____

⑥ 听说 _____

⑦ 严重 _____

⑧ 住院 _____

**2.** 주어진 단어를 알맞은 위치에 넣어 문장을 만들어 봅시다.

① （从） ⓐ 我 ⓑ 书店 ⓒ 买 ⓓ 回来一本书。

② （从） ⓐ 爸爸 ⓑ 火车上 ⓒ 走 ⓓ 下来。

③ （给） 请 ⓐ 把生日礼物 ⓑ 她 ⓒ 送 ⓓ 过去。

④ （过去） 我们 ⓐ 从 ⓑ 学校 ⓒ 走 ⓓ 吧。

⑤ （回） 你 ⓐ 把电脑 ⓑ 带 ⓒ 家 ⓓ 去吗？

**3.** 단어를 배열하여 문장을 완성해 봅시다.

① 了　买　你　吗　把　饮料　回来　？
▶ _____

② 下来　上　他　从　单杠　了　掉　。
▶ _____

③ 过去　就　吧　我们　现在　拿　。
▶ _____

④ 了　准备　我　生日　已经　礼物　好　。
▶ _____

**4.** 자신의 상황에 맞게 대화해 봅시다.

① 朋友过生日你准备什么？
▶ _____

② 朋友住院了，我们应该怎么做？
▶ _____

③ 今天天气怎么样？（挺……的）
▶ _____

④ 今天中午吃的饭怎么样？（挺……的）
▶ _____

## 5. 간체자를 써 봅시다.

| | | | | | | | |
|---|---|---|---|---|---|---|---|
| | | | | 饮 饮 饮 饮 饮 饮 饮 | | | |
| yǐn 饮 | yǐn 饮 | | | | | | |
| | | | | 料 料 料 料 料 料 料 料 料 | | | |
| liào 料 | liào 料 | | | | | | |
| | | | | 瓶 瓶 瓶 瓶 瓶 瓶 瓶 瓶 瓶 瓶 | | | |
| píng 瓶 | píng 瓶 | | | | | | |
| | | | | 乐 乐 乐 乐 乐 | | | |
| lè 乐 | lè 乐 | | | | | | |
| | | | | 汁 汁 汁 汁 汁 | | | |
| zhī 汁 | zhī 汁 | | | | | | |
| | | | | 定 定 定 定 定 定 定 定 | | | |
| dìng 定 | dìng 定 | | | | | | |
| | | | | 做 做 做 做 做 做 做 做 做 做 | | | |
| zuò 做 | zuò 做 | | | | | | |
| | | | | 糕 糕 糕 糕 糕 糕 糕 糕 糕 糕 糕 糕 糕 糕 糕 糕 | | | |
| gāo 糕 | gāo 糕 | | | | | | |

| tǐng | tǐng | | | | 挺 挺 挺 挺 挺 挺 挺 挺 挺 |
|---|---|---|---|---|---|
| 挺 | 挺 | | | | |

| shòu | shòu | | | | 受 受 受 受 受 受 受 受 |
|---|---|---|---|---|---|
| 受 | 受 | | | | |

| shāng | shāng | | | | 伤 伤 伤 伤 伤 伤 |
|---|---|---|---|---|---|
| 伤 | 伤 | | | | |

| chà | chà | | | | 差 差 差 差 差 差 差 差 差 |
|---|---|---|---|---|---|
| 差 | 差 | | | | |

| dān | dān | | | | 单 单 单 单 单 单 单 单 |
|---|---|---|---|---|---|
| 单 | 单 | | | | |

| gàng | gàng | | | | 杠 杠 杠 杠 杠 杠 杠 |
|---|---|---|---|---|---|
| 杠 | 杠 | | | | |

| diào | diào | | | | 掉 掉 掉 掉 掉 掉 掉 掉 掉 |
|---|---|---|---|---|---|
| 掉 | 掉 | | | | |

| zhòng | zhòng | | | | 重 重 重 重 重 重 重 重 重 |
|---|---|---|---|---|---|
| 重 | 重 | | | | |

# 외국어 출판 40년의 신뢰
# 외국어 전문 출판 그룹
# 동양북스가 만드는 책은 다릅니다.

40년의 쉼 없는 노력과 도전으로 책 만들기에 최선을 다해온 동양북스는
오늘도 미래의 가치에 투자하고 있습니다.
대한민국의 내일을 생각하는 도전 정신과 믿음으로 최선을 다하겠습니다.

동양북스

# 📖 동양북스 추천 교재

## 일본어 교재의 최강자, 동양북스 추천 교재

### 회화 코스북

일본어뱅크 다이스키
STEP 1·2·3·4·5·6·7·8

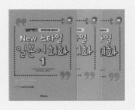

일본어뱅크
New 스타일 일본어 회화
1·2·3

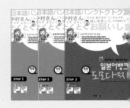

일본어뱅크 도모다찌
STEP 1·2·3

### 분야서

일본어뱅크
NEW 스타일 일본어 문법

일본어뱅크
일본어 작문 초급

일본어뱅크
사진과 함께하는
일본 문화

일본어뱅크
항공 서비스 일본어

가장 쉬운 독학
일본어 현지회화

### 수험서

일취월장 JPT
독해 · 청해

일취월장 JPT
실전 모의고사 500 · 700

新일본어능력시험
실전적중 문제집 문자 · 어휘 N1 · N2
실전적중 문제집 문법 N1 · N2

新일본어능력시험
실전적중 문제집 독해 N1 · N2
실전적중 문제집 청해 N1 · N2

### 단어 · 한자

특허받은
일본어 한자 암기박사

일본어 상용한자 2136
이거 하나면 끝!

일본어뱅크
New 스타일 일본어 한자 1 · 2

가장 쉬운 독학
일본어 단어장

# 중국어 교재의 최강자, 동양북스 추천 교재

중국어뱅크 북경대학 한어구어
1·2·3·4·5·6

중국어뱅크 스마트중국어
STEP 1·2·3·4

중국어뱅크 뉴스타일중국어
STEP 1·2

중국어뱅크
문화중국어 1·2

중국어뱅크
관광 중국어 1·2

중국어뱅크
여행 중국어

중국어뱅크
호텔 중국어

중국어뱅크
판매 중국어

중국어뱅크
항공 서비스 중국어

중국어뱅크
의료관광 중국어

정반합 新HSK
1급·2급·3급·4급·5급·6급

버전업! 新HSK 한 권이면 끝
3급·4급·5급·6급

버전업! 新HSK VOCA 5급·6급

가장 쉬운 독학 중국어 단어장

중국어뱅크
중국어 간체자 1000

특허받은
중국어 한자 암기박사

# 📖 동양북스 추천 교재

## 기타외국어 교재의 최강자, 동양북스 추천 교재

### 중고급 학습

첫걸음 끝내고 보는
프랑스어
중고급의 모든 것

첫걸음 끝내고 보는
스페인어
중고급의 모든 것

첫걸음 끝내고 보는
독일어
중고급의 모든 것

첫걸음 끝내고 보는
태국어
중고급의 모든 것

### 단어장

버전업! 가장 쉬운
프랑스어 단어장

버전업! 가장 쉬운
스페인어 단어장

버전업! 가장 쉬운
독일어 단어장

### 여행 회화

NEW 후다닥
여행 중국어

NEW 후다닥
여행 일본어

NEW 후다닥
여행 영어

NEW 후다닥
여행 독일어

NEW 후다닥
여행 프랑스어

NEW 후다닥
여행 스페인어

NEW 후다닥
여행 베트남어

NEW 후다닥
여행 태국어

### 수험서 · 교재

한 권으로 끝내는 DELE
어휘·쓰기·관용구편 (B2~C1)

수능 기초 베트남어
한 권이면 끝!

버전업! 스마트 프랑스어